RÉINVENTER LE MASCULIN

FERDINAND
RICHTER

RÉINVENTER LE MASCULIN

Robert Laffont

ISBN 978-2-221-25564-3
Dépôt légal : septembre 2021
Éditions Robert Laffont – 92, avenue de France 75013 Paris

**Vous souhaitez
vous reconnecter
à vos aspirations
profondes
et créer un monde
plus libre et respectueux
du vivant ?**

Si vous avez répondu « oui » à cette question, alors je vous propose de vous lancer dans une aventure qui, je l'espère, vous aidera à assumer pleinement votre sensibilité et à vous engager sereinement pour construire un monde meilleur. En tant que coach, j'accompagne de nombreuses personnes qui souhaitent réaliser leur rêve ou tout simplement donner plus de sens à leur travail. Mais avant de pouvoir accueillir l'autre dans sa différence, j'avais besoin d'explorer ma propre sensibilité. À la fin de ce livre, vous trouverez un protocole de coaching qui est le fruit de dix ans de retrouvailles avec celui que j'ai toujours été et que j'ai choisi de nier bien trop longtemps. J'avais peur d'être rejeté si j'écoutais pleinement mes intuitions. J'avais peur de déplaire, et de déranger. Ce livre illustre ma renaissance personnelle et vous propose le protocole que vous pouvez mettre en place, si vous le souhaitez.

J'espère sincèrement que vous accepterez mon invitation car notre monde a besoin de votre sensibilité. Nous avons besoin de traverser les émotions qui nous effraient afin de pouvoir pleinement écouter nos intuitions et construire un monde dans lequel les énergies masculines et féminines puissent s'exprimer en harmonie.

Merci pour votre confiance.

Après avoir renoncé
à la performance,
nous allons prendre
le temps de revisiter
nos expériences passées.

Nous pourrons alors nous
réengager en conscience
afin de renouer des liens
authentiques et réinventer
ensemble le masculin
de demain.

@ferdinandrichter

Ouverture

RECOMMENCER UNE AUTRE HISTOIRE

I'm starting with the man in the mirror
I'm asking him to change his ways
And no message could have been any clearer
If you wanna make the world a better place
Take a look at yourself and then make a change.

Michael Jackson[1]

Je suis allongé dans la pénombre sur un vieux matelas. La musique est assourdissante mais j'aimerais qu'elle soit encore plus forte. Mon matelas, c'est mon espace sacré. Une femme est assise à côté de moi. Elle veille sur moi. Je me sens en sécurité. L'hyperventilation a bien fonctionné. Mon état de conscience est modifié. La musique change. Elle invite au combat. Je me lève. Je me retrouve sur un champ de bataille en pleine extase. L'adrénaline du guerrier coule dans mes veines. Je me sens en toute puissance. Je fais tomber mes ennemis les uns après les autres. Je me rends compte que j'adore ce sentiment. Plus je suis violent, plus mes frères d'armes m'admirent et me respectent. Aucun repas entre amis, aucune balade en amoureux ne

1. Michael Jackson, « Man in the Mirror », *Bad*, 1987. « Je commence avec l'homme dans le miroir. Je lui demande de changer ses habitudes. Et aucun message n'aurait pu être plus clair. Si tu veux faire du monde un endroit meilleur, regarde-toi dans la glace et change. »

peuvent procurer autant de jouissance. C'est parce que chaque respiration pourrait être la dernière que le combat est aussi addictif. Je suis un guerrier, la paix m'ennuie. Pire que cela, en temps de paix, mon être s'éteint.

Je suis toujours debout dans la pénombre, sur mon vieux matelas. La musique change encore. Elle devient douce, presque angélique. Je me sens épuisé. Cela fait tellement longtemps que je me bats. Cela fait tellement longtemps que je pars conquérir les mondes. C'est ce qu'on m'a appris à faire. C'est ce que la société attend de moi. S'enrichir, aux dépens des tribus massacrées. Je lève les yeux et regarde autour de moi. Je vois des corps partout, des arbres calcifiés, des rivières souillées, personne à part moi n'a survécu. Je lâche mes armes. Tout d'un coup, elles sont devenues tellement lourdes. Je n'arrive plus à porter mon armure. Je tombe sur les genoux et je commence à pleurer. Je pleure comme jamais je n'ai pleuré auparavant. Je m'effondre sur mon matelas et je laisse couler les larmes. La femme est toujours assise à côté ; elle n'intervient pas. Sa présence bienveillante m'autorise à lâcher prise. Je viens de comprendre qu'il n'y a qu'une issue pour le guerrier en moi, une seule issue à la folie collective que nous vivons actuellement dans notre société « moderne ». Mourir seul sur un champ de bataille.

Vous ne serez pas surpris si je vous dis que notre monde est en pleine métamorphose. Quelque chose est en train de changer profondément, vous le ressentez aussi ? C'est un peu comme si, ces dernières années, nous avions enfin commencé à comprendre que notre planète et ses ressources n'étaient pas sans limites. Nous sommes de plus en plus nombreux à reconnaître que nous avons fait d'énormes erreurs dans le passé et qu'il est peut-être encore temps de les corriger. La surexploitation des ressources naturelles, la déforestation exponentielle des poumons de la Terre, l'augmentation des inégalités, la pollution des océans, l'effondrement de la biodiversité, l'appauvrissement de la vie des sols, le réchauffement climatique ne sont que quelques exemples qui font régulièrement la une des journaux télévisés.

Au vu de ce que notre société tout entière est en train de vivre, il est difficile de dire à quoi va ressembler demain. D'ailleurs, je n'ai aucune envie de prédire la suite de notre aventure commune. Tant que nous n'aurons pas élevé notre niveau de conscience, nous célébrerons encore et encore des solutions à des problèmes que nous avons nous-mêmes créés. Pour n'en citer que quelques-uns, si nous n'avions pas déforesté une grande partie de la planète, nous ne pourrions pas nous féliciter des technologies qui permettent de planter des millions d'arbres. Si nous n'avions pas détruit la biodiversité des sols, l'industrie des engrais chimiques ne serait pas aussi indispensable. Ce phénomène est maintenant bien connu. Il s'agit de l'effet rebond[1], ce paradoxe par lequel l'amélioration de la qualité technologique d'un bien a pour conséquence l'augmentation de la (sur)consommation, et donc de la surexploitation à moyen terme des ressources naturelles. Tant que vous et moi n'avons pas accepté de laisser mourir nos anciens schémas de pensée, je le crains, la forme changera mais le fond restera le même.

Si nous en sommes là aujourd'hui, c'est que nous avons trop longtemps cru à une même histoire, racontée par des générations et des générations d'hommes et de femmes. Cette histoire, devenue une idéologie du masculin[2], a construit la plupart de nos entreprises et organisations gouvernementales sur les valeurs suivantes : il faut supprimer ses émotions et masquer sa vulnérabilité afin de maintenir une image de force. Toute valeur autre que celles que l'on attribue au guerrier (gloire, combativité, sens de la compétition, de la souffrance pour se dépasser) est considérée comme une faiblesse et la plupart du temps attribuée au féminin (douceur, bienveillance, sensibilité, beauté, élégance, pour n'en citer que quelques exemples).

1. Ingrid Bellot, « Effet rebond, croissance et développement, décroissance : tout comprendre », info.arte.tv, 2016, en ligne : https://info.arte.tv/fr/effet-rebond-croissance-et-developpement-decroissance-tout-comprendre.
2. Maya Salam, « What Is Toxic Masculinity ? », *The New York Times*, 22 janvier 2019.

Le courage serait ainsi la vertu par excellence du guerrier mythique, un « courage des durs » associé à la virilité[1].

Amanda Marcotte a popularisé le concept de masculinité toxique[2]. Ce dernier serait un modèle spécifique de la virilité, orienté vers la domination et le contrôle. C'est une virilité qui perçoit les femmes et personnes LGBT comme inférieures, qui conçoit le sexe comme un acte, non pas d'affection, mais de domination, et qui valorise la violence comme seule façon de s'imposer dans le monde. D'après moi, c'est essentiellement cette vision de la vie qui a maintenu une organisation impérialiste des échanges mondiaux et qui mènera notre planète au bord du gouffre, si nous n'acceptons pas de renoncer à ces valeurs.

Il suffit de regarder la photo suivante (ouvrez le QR code sur votre smartphone) pour comprendre qui a été et qui est toujours au pouvoir des puissances du monde : l'homme.

1. Audrey Hérisson, « Mythologie du guerrier », *Inflexions*, 22, 2013, p. 69-78.
2. Déborah Malet, « La masculinité peut-elle être autre chose que toxique ? », Slate.fr, 2016, en ligne : www.slate.fr/story/121197/masculinite-toxique.

L'objectif n'est pas d'accuser les uns et les autres. Toute notre société est responsable. Comme le dit Laura Bates dans son essai *Girl Up*[1] : « Les garçons entendent depuis leur plus jeune âge : "Ne pleure pas !", "Sois fort"… Ce n'est pas viril de demander de l'aide à autrui et de parler de ses sentiments et émotions. » Pourtant, il est plus qu'urgent d'arrêter de mettre sur un piédestal le masculin qui juge, abuse et domine, notamment le féminin.

Je ne peux que soutenir la sociologue spécialiste de la masculinité, Christine Castelain-Meunier, qui affirme qu'une masculinité non dominatrice est envisageable[2]. D'après elle, il faut que les hommes et les femmes sortent de cette acceptation tacite selon laquelle chaque genre a des rôles prédéterminés. Si des mouvements comme #MeToo permettent de libérer la parole et de revendiquer une condamnation ferme des violences faites aux femmes, le récit que je me propose de vous partager parle surtout de la remise en question profonde qu'implique un tel changement de société pour chacun d'entre nous, à commencer par moi-même. Comme nous tous, j'ai grandi dans ce système de pensée et j'ai longtemps défendu le côté exaltant, voire addictif, du besoin de croissance et de performance. L'homme que j'ai été s'est construit sur ces valeurs pyramidales qui exploitent un grand nombre de pays et de personnes pour permettre

1. Laura Bates, *Girl Up*, Londres, Simon & Schuster, 2016.
2. Déborah Malet, « La masculinité peut-elle être autre chose que toxique ? », art. cit.

Il est plus qu'urgent d'arrêter de mettre sur un piédestal le masculin qui juge, abuse et domine, notamment le féminin.

@ferdinandrichter

à une minorité de vivre dans l'opulence. J'ai pris beaucoup de plaisir à vivre au quotidien ce dépassement de soi, cette quête de l'excellence ultime. Jusqu'au jour où, n'en pouvant plus, j'ai décidé d'écouter ma voix intérieure qui me disait : « Aie le courage de mourir et de renaître en conscience. »

À l'époque, j'étais joueur professionnel de rugby et dirigeant associé dans une entreprise de coaching pour leaders du CAC 40. J'avais tout et rien à la fois. J'étais convaincu que l'homme devait être un guerrier pour être accepté, admiré et aimé. Il me fallait être puissant, performant, viril, sans failles. Pendant plusieurs années, je ne voyais même pas à quel point quelque chose ne tournait pas rond. Malgré cet appel intérieur toujours plus pressant, j'ai trouvé toutes les raisons possibles pour ne pas changer, jusqu'à ce que le vase déborde. Peut-être que vous connaissez ce sentiment. Une partie de vous n'a qu'une envie : tout arrêter. Une autre essaye de vous convaincre qu'il serait bien trop risqué de sauter dans le vide, vous pourriez tout perdre. Laquelle allez-vous écouter ?

Le plus surprenant dans cette aventure, c'est qu'il m'a fallu beaucoup de temps pour comprendre que c'était ma définition du masculin qui ne me convenait plus. De la même façon, je n'ai assimilé que plus tard combien cette mort symbolique m'a encouragé à laisser tomber ma carapace, à accepter mes émotions, à prendre soin de mon corps, à l'écouter. Elle m'a surtout permis de redécouvrir mon énergie féminine, mon intériorité, mes intuitions, et à réconcilier les deux, l'homme et la femme qui sont en moi. J'ai l'impression d'avoir vécu une réelle renaissance. Ne soyez donc pas surpris si la notion du masculin n'est pas très présente dans les premières parties de ce récit. J'ai avant tout cherché à retranscrire le processus qui m'a permis d'apaiser ces deux énergies en moi et de retrouver un peu d'espoir pour l'avenir. D'une certaine façon, quel que soit votre sexe, ce texte vous donnera des clés pour avancer sur votre propre chemin.

Si, dans un premier temps, j'ai écrit ce livre pour mieux digérer mes expériences, j'ai rapidement décidé de le mettre à profit pour partager avec le plus d'authenticité possible l'être humain que je suis, dans l'espoir de vous faire découvrir une voie que vous n'avez peut-être pas encore explorée. C'est pour cette raison que je ne cherche pas à détailler chaque concept, ni à vous proposer un recueil théorique. Voyez cet ouvrage comme un rond-point avec de nombreuses sorties. Je vous indique les directions et vous raconte les voyages que j'ai réalisés pour me réinventer et découvrir l'homme que je souhaitais devenir dans un contexte d'urgence environnementale, sociale et climatique.

À vous de choisir les chemins que vous explorerez et d'écouter les intuitions qui vous invitent à vous transformer.

J'ai conscience que ce n'est pas facile. Pour beaucoup d'entre nous, la métamorphose qui est en cours nous demande de sortir du déni, d'arrêter de fuir dans des mondes dématérialisés, que ce soient les jeux vidéo, les réseaux sociaux[1] ou la spiritualité. Le retour sur Terre et la confrontation violente avec notre mortalité peuvent générer beaucoup d'angoisse. Ce n'est pas un hasard si le terme « solastalgie[2] », ou « éco-anxiété », est de plus en plus à la mode. Ces dernières années, j'ai moi-même expérimenté plusieurs effondrements émotionnels et financiers ainsi qu'une période d'isolement à la campagne plus ou moins volontaire, avant même que le monde ne se confine à son tour en 2020. Souvent encore je me sens seul, pas à ma place, pas en accord avec les autres, pas assez reconnu dans mon métier, pas assez homme, complètement impuissant. Je doute régulièrement de ma valeur, de mes intuitions. Encore aujourd'hui, je reconnais en moi cet homme blanc, privilégié dès la naissance sans même le savoir. Il cohabite avec

1. Yann Costa, « 5 effrayantes façons dont les réseaux sociaux te détruisent », Medium, 2018, en ligne : https://yanncosta.medium.com/5-effrayantes-façons-dont-les-réseaux-sociaux-te-détruisent-comment-les-maîtriser-9bf9f58d7951.

2. Pauline Petit, « Solastalgie, éco-anxiété… Les émotions de la crise écologique », France Culture, 2020, en ligne : www.franceculture.fr/environnement/solastalgie-eco-anxiete-les-emotions-de-la-crise-ecologique.

celui qui a pris conscience du besoin de changer profondément ses valeurs pour assurer un avenir collectif durable. À force de détruire nos écosystèmes, nous allons devoir les reconstruire petit à petit. Cela prendra du temps, la vie est faite ainsi. Couper un arbre centenaire a toujours été bien plus rapide qu'en prendre soin jusqu'à ce qu'il ait atteint un tel âge canonique.

Ce que nous vivons actuellement est peut-être le plus grand défi de notre société moderne, peut-être même de toute l'histoire de l'humanité. Cela nous impose, tôt ou tard, une grande remise en question personnelle. Cela nous demande de faire la paix avec nous-même et de réinventer une grande partie de ce que nous avons construit ces dernières décennies. Cela nous demande de reconnaître que nous sommes masculins et féminins à la fois. Nous sommes des êtres parfois courageux et parfois lâches. Nous pouvons être bienveillants, et sans aucun doute violents.

Malgré tout ce qu'il se passe, malgré toutes les contradictions, l'homme que je suis aujourd'hui a envie de vous dire : « Faites confiance ! » Reprenez contact avec votre voix(e) intérieure et trouvez le courage de l'écouter. Faites confiance à celles et ceux qui voient le meilleur en vous. Faites confiance à la vie qui souhaite s'exprimer à travers vous. Elle vous demande de vous reconnecter à votre corps, à vos intuitions et à votre cœur. Faites confiance à votre sensibilité qui, selon la définition du Larousse, est l'aptitude à s'émouvoir, à éprouver des sentiments d'humanité, de compassion, de tendresse pour autrui. Retrouvez cette joie de vous engager dans la construction de notre réalité commune. Car comme l'affirme l'article « Tu seras sensible, mon fils[1] », un homme sensible est un homme moderne.

Laissez mourir la société consumériste, si néfaste pour vous-même et notre planète. Laissez mourir les valeurs patriarcales qui mettent sur un piédestal la compétition, l'exploitation, la performance, le combat et la domination. Parce qu'après chaque hiver revient le printemps. Après chaque dépression reviennent les beaux jours. Après chaque confinement vient une réouverture. Après chaque effondrement a lieu une renaissance. Quelle que soit la noirceur de la nuit, quelle que soit la peur du lendemain, quelle que soit la nostalgie de l'ancien monde, un nouveau jour se lèvera. Pour participer à cette magnifique renaissance collective que nous nous apprêtons à vivre, il vous suffit de renoncer à la croyance que vous êtes la victime de ce qui vous arrive. Nous avons toutes et tous une part de responsabilité et nous pouvons faire des choix qui changeront l'avenir. Derrière les QR

1. « Tu seras sensible, mon fils », Slate.fr, 2019, en ligne : www.slate.fr/story/178407/homme-sensible.

codes disséminés dans ce récit se cachent un site Internet à explorer, une vidéo à regarder, un stage à réaliser… Suivez simplement votre curiosité.

Les sujets que j'aborde peuvent effrayer et déranger. Si j'avais lu ce livre il y a une dizaine d'années, je me serais probablement moqué ou l'aurais qualifié de « perché ». Je n'ai plus envie d'avoir peur d'exposer mes contradictions, mes vies passées : j'ai été chasseur alpin, j'ai porté le maillot du Stade toulousain et de l'équipe nationale autrichienne de rugby, j'ai coaché des leaders de multinationales, je suis tombé amoureux de la permaculture, je suis passionné par les états élargis de conscience et j'ai été initié à plusieurs anciens rites chamaniques. En quatre ans j'ai multiplié par dix les clients de la start-up Ecosia qui a pour mission de planter des millions d'arbres et j'ai organisé un voyage initiatique avec des stars de YouTube en Tanzanie. J'ai choisi de revenir en arrière, de renoncer à mon besoin de performance, de réparer mes relations familiales, de revendre ce qui m'était inutile, de repenser ma façon de gérer une entreprise, de rejoindre une cause et de laisser mon cœur et mon corps se régénérer. Sans oublier la relation unique que nous construisons avec ma compagne depuis plus de treize ans, qui m'a offert le plus beau des cadeaux : être père.

La plupart de ces expériences, je les ai adorées. Certaines, je les ai détestées. Elles m'ont aidé à reconnaître des parties de mon âme que j'avais oubliées, à me sentir en vie. Elles m'ont permis d'assumer l'homme sensible et engagé que je suis. Mon espoir est que ces histoires vous permettent d'explorer un peu plus votre complexité et de vivre plus sereinement votre propre renaissance. Il n'y a rien de plus excitant à mes yeux que de laisser mourir certaines croyances afin de se réinventer et de construire un monde plus respectueux du vivant. Plus nous serons nombreux à accepter ce changement fondamental, plus nous donnerons envie aux autres de nous rejoindre. Si nous refusons cette métamorphose, nous continuerons sur cette autoroute qui mène droit dans le mur et le réveil risque d'être violent. À l'image d'un vrai sevrage de drogue dure, vous ressentirez certainement comme moi le manque, les frustrations, toutes ces émotions refoulées. Parlons-en. Osons reconnaître notre vulnérabilité et notre humanité afin d'incarner chaque jour un peu plus ce que beaucoup d'entre nous espèrent ressentir : la joie d'être en vie. Vous n'avez peut-être pas le pouvoir de changer le monde, mais vous avez certainement celui de changer le vôtre.

Osons reconnaître notre vulnérabilité et notre humanité afin d'incarner chaque jour un peu plus ce que beaucoup d'entre nous espèrent ressentir : la joie d'être en vie.

@ferdinandrichter

étape 1

RENONCER À LA PERFORMANCE

L'aptitude à profiter de la vie s'accroît de manière considérable après la mort de l'ego. Le passé et le futur paraissent relativement moins importants que le moment présent et l'engouement pour le processus de la vie remplace le besoin d'atteindre certains objectifs.

Stanislav Grof[1]

Nous venons de passer un week-end à la montagne, juste une petite balade en amoureux. Dans la voiture, je suis assis sur le siège passager. J'ai des messages à écouter. Le téléphone à l'oreille, je laisse mon visage se décomposer. Un collaborateur refuse de participer à une réunion le lendemain. Rien de particulièrement grave. Rien d'inhabituel. Cela fait quatre ans que je suis coach professionnel pour des grands groupes industriels et que je gère régulièrement de telles situations. Et pourtant, cette fois-ci, quelque chose en moi vient de se casser. Je m'effondre. Ma compagne Ilia me demande : « Qu'est-ce qu'il y a ? Qu'est-ce qui s'est passé ? » Je réponds, les larmes aux yeux : « Je n'en peux plus. Je n'en peux plus. » C'est la seule chose qui sortira de ma bouche. « Je n'en peux plus. »

1. Stanislav Grof, *Psychologie transpersonnelle*, Paris, J'ai lu, 2009.

Il me semble important de préciser une chose : si j'ai décidé de vous faire partager des moments marquants de ma renaissance, c'est parce que notre mémoire les retient facilement. En même temps, nous oublions trop souvent le chemin qui mène au sommet pour ne garder que la photo de groupe en haut de la montagne. Nier l'importance de tous ces petits gestes du quotidien, toutes ces discussions le soir en rentrant du travail, toutes les émotions refoulées qui refont surface quand on se relâche équivaudrait à nier la place de celle qui a été à mes côtés ces derniers temps. Depuis treize ans, ma compagne accueille avec amour l'homme que je suis. C'est elle qui m'a initié à de nombreuses approches alternatives, qui m'a aidé à faire les bons choix. C'est encore elle qui est restée présente quand j'ai voulu tout arrêter pour partir à l'autre bout du monde.

Depuis la nuit des temps, les femmes sorcières et/ou chamanes initient les hommes aux secrets plus ou moins ésotériques de la vie. Comme le précise Elena Michetchkina[1], en russe, la « chamane » se dit « femme qui a des connaissances ». Geseko von Lüpke a quant à lui interviewé des chamanes de plus de quinze pays différents et les présente ainsi : « Les chamanes du XXIe siècle ne sont plus uniquement des voyageurs entre les différents niveaux de conscience. Ils et elles voyagent aussi entre les cultures, les époques, les différentes

1. Elena Michetchkina, *Les Secrets du chamanisme sibérien*, Paris, Vega, 2013.

traditions et continents[1]. » C'est pourquoi les expériences qu'ils peuvent nous faire vivre ne sont pas forcément des expériences intenses au fin fond de la jungle, mais toutes ces petites graines qui germent le long du chemin et transforment un terrain asséché en magnifique jardin qu'il me semble important d'apprécier. Il est particulièrement facile d'oublier que ce sont elles qui ont pris le temps d'ouvrir ces portes. Même si, au final, c'est chacun d'entre nous qui doit décider s'il a envie de les traverser. La patience avec laquelle Ilia m'a accompagné m'impressionne. Malgré mes excès de colère, mon épuisement professionnel, mes moments de désespoir, elle a su voir en moi l'homme que j'allais devenir. N'est-ce pas le plus beau des cadeaux, quand une personne garde la foi en vous ?

J'ai entamé mes premières missions de coaching à l'âge de vingt-cinq ans, juste après avoir obtenu mon diplôme de psychologie sociale du travail et des organisations. La confiance avec laquelle on m'a accueilli dans ce milieu a été extraordinaire. La pression que j'ai ressentie a été tout aussi écrasante. Heureusement, j'avais les épaules solides d'un rugbyman, j'étais entraîné à encaisser les coups. Accompagner les leaders d'entreprises comme Airbus ou Guerlain a été un privilège et un grand plaisir. Avec toute mon énergie, j'ai essayé de guider mes clients dans leurs environnements parfois

1. Geseko von Lüpke, *Altes Wissen für ein neue Zeit*, Berlin, Kösel, 2012.

très difficiles. Les moments de joie ont été nombreux et intenses. Avec le coaching en entreprise, j'avais trouvé une vocation. Naïvement, je me suis plongé dans cet écosystème sans protection et sans limites. J'avais d'excellents retours. J'enchaînais les missions à droite et à gauche. Je ne voyais pas à quel point j'étais en train de tirer sur la corde.

Au bout de quatre années, j'ai tout arrêté. Je ne savais pas exactement pourquoi. Je n'avais pas vraiment le choix. Quelque chose ne me convenait plus et je n'arrivais pas à mettre des mots dessus. Je savais que c'était quelque chose de profond, de vital. En apparence, tout allait bien. Je gagnais très bien ma vie, je travaillais avec des gens passionnants, j'avais réussi ma transition professionnelle de rugbyman à coach en entreprise. Jusqu'au jour où j'ai pris conscience que je n'en pouvais plus. Avec quelques années de recul, je sais que l'organisation pyramidale et patriarcale de ces entreprises, obnubilées par la performance, la croissance éternelle et l'exploitation toujours plus poussée des « ressources humaines » et naturelles me devenait insupportable. À quoi bon créer un produit de consommation ou de luxe si c'est au prix de la destruction des écosystèmes qui nous font vivre ? L'emprise que ce milieu avait sur moi était importante. Il me faisait souffrir tout en répondant à mon insécurité financière et émotionnelle.

**À quoi bon créer
un produit
de consommation
ou de luxe si c’est au prix
de la destruction
des écosystèmes
qui nous font vivre ?**

@ferdinandrichter

Comme je l'ai compris plus tard, c'était une relation digne des plus belles interactions perverses narcissiques.

Aujourd'hui, je peux vous dire sans hésitation que renoncer à cette carrière a été l'un des plus beaux cadeaux que je me suis faits. Ce changement de vie radical m'a permis d'aller à la rencontre de moi-même, d'explorer les confins de mon esprit et de reconstruire mon existence autour de valeurs comme la confiance ou l'intuition, qui sont particulièrement importantes pour moi. Cela m'a surtout permis de me reconnecter à la terre, de sortir du déni collectif face à l'urgence environnementale, climatique et sociale, et d'adopter une démarche proactive plutôt que de me prendre la réalité en pleine figure. Le coaching de performance m'a énormément appris sur le fonctionnement des entreprises et la difficulté de les faire évoluer. Tout se conjugue pour vous laisser penser que le « système » est le seul moyen de survivre, et pour entretenir la peur du « que vais-je devenir si j'arrête ? ». La question que je pose souvent est plutôt la suivante : « Qu'allez-vous devenir si vous n'arrêtez pas ? » Formulée autrement : « Jusqu'où allez-vous continuer sur ce chemin qui vous rend visiblement malade ? » On pourrait transposer cette question à notre société de consommation : « Qu'allons-nous devenir si nous ne changeons pas radicalement nos modes de vie, si nous n'arrêtons pas de surconsommer les ressources limitées de notre planète ? » Je pense que vous connaissez la réponse.

Parfois, nous avons besoin d'être confrontés à la mort pour choisir pleinement la vie. C'est ce que j'ai retenu en m'intéressant aux travaux de Pierre-Yves Albrecht, fondateur de l'académie Aurore[1] et des foyers Rives du Rhône[2]. Peut-être que vous connaissez ce sentiment. C'est assez étrange. Longtemps, j'ai eu l'impression qu'on m'avait forcé à revenir sur Terre. J'avais le sentiment de ne jamais avoir dit pleinement « oui » à la vie. J'en voulais même à mes parents : « Pourquoi vous m'avez fait ça ? Pourquoi vous m'avez obligé à revenir sur cette planète ? Moi, je n'ai rien demandé. » Je ne sais pas exactement d'où vient cette sensation, peut-être est-elle naturelle. Quoi qu'il en soit, j'avais besoin de retrouver mon pouvoir, de savoir qu'il y avait une porte de sortie, même si je ne la prendrais certainement jamais. Ce n'est pas grave. J'ai appris à mieux embrasser ce processus et à demander de l'aide quand j'en ai eu besoin.

Si vous vous trouvez dans une situation similaire et que vous ne savez pas comment vous en sortir, je peux vous conseiller, dans un premier temps, la pratique du systema[3], un art martial russe. Grâce à

1. L'académie dispense un enseignement philosophique opératif, associant théorie et pratique. Cela implique un travail initiatique qui permet une connaissance supérieure et une transformation personnelle.
2. L'association propose aux personnes souffrant d'addictions une prise en charge ambulatoire ou résidentielle visant un rétablissement complet.
3. Pour en savoir plus, voir : https://systemafrance.com.

lui, au lieu de fuir mon corps, j'ai réussi à l'incarner et à retrouver un peu de souplesse et de dynamisme. Me réapproprier mon corps ainsi a été l'une des premières étapes pour me réinventer. Et si la vie était un échange d'énergie plutôt qu'un combat, une danse qui accueille nos contradictions ? Trouver la force pour renoncer et faire un pas de côté est souvent la chose la plus difficile. Une fois que vous avez mis le clignotant et que vous êtes engagé sur la voie de droite, la sortie est bien plus facile à prendre que si vous roulez à 130 sur la voie de gauche. Malgré mon besoin de quitter le chemin tout tracé qui menait droit dans un mur, jamais je n'aurais pu imaginer ce que j'allais vivre. Ce qui avait commencé avec un simple « Je n'en peux plus » et quelques heures de cours d'autodéfense ont pris la forme d'une quête initiatique à la fois passionnante et effrayante.

Reconnaître son besoin de mourir (symboliquement)

Apprivoiser sa peur de la mort permet de guérir,
de transformer positivement sa personnalité
et de faire évoluer sa conscience.

Stanislav Grof[1]

Au fil de mes différentes expériences initiatiques, j'ai découvert qu'on ne naît pas homme, mais

1. Stanislav Grof, *Psychologie transpersonnelle*, *op. cit.*

qu'on le devient en renaissant en conscience. Laisser mourir le guerrier en moi afin de faire renaître ma sensibilité est un processus long et parfois difficile ; il demande de reconnaître des facettes de moi dont je ne suis pas fier – ma colère, ma violence, mes peurs – pour choisir de partager ma joie et mon amour. Mais prendre ce chemin est aussi le plus beau cadeau que j'aie pu me faire : je deviens l'homme que je veux être un peu plus tous les jours.

C'est à l'âge de vingt-six ans que j'ai commencé à rêver régulièrement de mourir. Je fermais les yeux et je me voyais sauter d'un building de dix étages. En écrivant ces lignes, je sens toujours une gêne. J'avais honte de ma souffrance. Comme si la détresse spirituelle, ce vide existentiel, ce manque de sens étaient cent fois moins légitimes que la souffrance physique ou émotionnelle. J'avais l'impression de ne pas venir d'ici et qu'on m'avait forcé à me réincarner sur Terre. Le chemin que j'ai choisi depuis m'a fait découvrir un monde que je ne soupçonnais même pas à l'époque : une réalité complexe, où tout n'est pas blanc ou noir. Rien d'extraordinaire, finalement. J'ai simplement osé prendre mes intuitions au sérieux, ce qui m'a permis de me défaire lentement du cadre rigide dans lequel j'avais grandi. J'ai compris que, pour choisir la vie, il fallait que je reconnaisse mon droit de mourir. Et pourtant, cette perspective me pétrifiait, j'étais perdu face à la solitude de cette expérience. Pourquoi personne n'en parlait ouvertement ? Avais-je le droit de ressentir cela ?

Je ne sais pas qui ni ce qui m'a convaincu que ce n'était « qu'une partie de moi » qui souhaitait disparaître, mais je l'en remercie du fond du cœur. Apprendre à renaître à soi-même est peut-être l'une des plus belles expériences à vivre.

Demander de l'aide pour explorer sa sensibilité

J'ai commencé par accepter l'aide qu'on me proposait. Ma compagne, qui n'en pouvait plus de mes nombreuses blessures sportives, m'a offert *Dis-moi où tu as mal et je te dirai pourquoi*[1]. Ce livre a eu un grand impact sur moi. Pour la première fois, j'envisageais la possibilité que ce n'était pas un manque de chance ou le hasard qui les provoquaient. Je commençais à lentement éveiller ma conscience et à accepter que ce qui m'arrivait avait peut-être une signification plus profonde. J'ai essayé différentes formes de thérapie sans trouver des réponses à mes questions. Jusqu'au jour où je me suis intéressé à Carl Jung, disciple de Sigmund Freud (fondateur

1. Michel Odoul, *Dis-moi où tu as mal et je te dirai pourquoi*, Paris, Albin Michel, 2014.

de la psychanalyse). Il a été l'un des premiers à explorer différentes cultures très anciennes, notamment le yoga Kundalini. Cette pratique propose de nombreux exercices pour libérer et réveiller l'énergie « Kundalini » qui, tel un serpent enroulé, sommeillerait en bas de notre colonne vertébrale.

Ouvrez ce lien si vous souhaitez en savoir plus sur le yoga Kundalini

Le vrai déclic a eu lieu quand j'ai découvert les travaux de Stanislav Grof, psychiatre tchèque, fondateur de la psychologie transpersonnelle[1] et d'une technique que l'on appelle la respiration holotropique, qui réunit la puissance du souffle, de la musique, du yoga et du chamanisme pour une exploration de soi. Grof a notamment repris les travaux de Jung sur l'inconscient collectif.

1. Dictionnaire de l'APA (American Psychological Association) : la psychologie transpersonnelle fait partie du courant de la psychologie humaniste. Elle s'intéresse à l'exploration, aux causes et aux effets d'expériences transcendantales et des d'états de conscience « supérieure » modifiée.

Je vous invite à découvrir une interview du psychiatre Stanislav Grof qui explique ce qu'est la psychologie transpersonnelle

Il existe des stages de deux jours qui permettent de tester cette technique. Ma curiosité a été assez grande pour me retrouver allongé avec dix autres participants dans une pièce sombre dans un état d'hyperventilation en écoutant de la musique techno, africaine, classique et méditative pendant quatre heures d'affilée.

Plonger dans l'inconnu porté par sa respiration et la musique

Les stages de respiration holotropique ont radicalement changé ma vision du monde. Je me souviens de la première fois où j'ai quitté Toulouse en covoiturage pour me retrouver dans un écolieu, dans l'Ariège, avec douze inconnus. Nous avons pris le temps de nous présenter, puis les animateurs nous ont expliqué qu'on allait pouvoir revivre notre propre naissance, revisiter des traumatismes ou expérimenter des sensations transpersonnelles. J'étais à la fois curieux et un peu moqueur. Je n'aurais jamais pu imaginer ce qui allait se passer.

Couché sur mon matelas, j'essaye de me relâcher au mieux. Je n'ai aucune idée de ce qui m'attend. Comme d'habitude, je décide de jouer le jeu à fond. Mon « accompagnante » est assise juste à côté de moi. Nous nous sommes réciproquement choisis pour nous accompagner dans ce voyage, sans en connaître la destination. Une relaxation guidée suivie par l'invitation à respirer profondément par cycles, sans faire de pause après l'expiration. Plus amplement. Plus vite. Comme un train qui est en train de partir. Encore plus amplement, plus vite. La musique arrive pour soutenir le souffle. Faites confiance à votre corps pour vous guider. Le voyage commence.

Je me mets à pleurer sans pouvoir contrôler mes sanglots. La digue a lâché. Mon corps libère les flots que j'essayais de maîtriser depuis si longtemps. Cela fait déjà quatre heures ? Je n'ai pas vu le temps passer. Une musique douce et calme remplit encore la pièce, je savoure l'instant. Je me sens épuisé et soulagé en même temps, libéré de quelque chose. Quelle sensation extraordinaire.

Depuis, j'ai participé à une dizaine de stages, certains plus longs que d'autres, mélangeant des méditations soufies à la danse extatique. Quelle aventure ! Est-ce la technique ou l'amour inconditionnel de mes guides (merci infiniment, Gilles et Nathalie) qui m'ont tant apporté ? Certainement un peu des deux.

Mes expériences m'ont fait comprendre que le cadre posé par les animateurs, les guides, les chamanes, les coachs, les managers, les chefs d'entreprise fait toute la différence. Se sentir en sécurité permet de libérer les émotions, de se transcender et d'exprimer de façon authentique la totalité de son être. Un cadre clair, même s'il vous challenge sérieusement, vous permet de sortir de votre zone de confort. D'être un explorateur plutôt qu'un déraciné. Se sentir accueilli sans jugement dans son humanité permet de lâcher le contrôle du mental et de faire confiance à son corps. Il sait. Il vous emmène là où vous avez besoin d'aller. Quelle magnifique exploration de son être !

J'ai pleuré, pendant des heures, j'ai rigolé, comme jamais je n'avais rigolé. J'ai dansé comme un homme, comme une femme aussi. La danse du ventre a été l'un des mouvements les plus bienfaiteurs pour libérer ma hanche bloquée de rugbyman. Et des plus libérateurs. Reconnaître l'énergie féminine en moi m'a permis d'apaiser profondément l'homme que je suis. J'ai tremblé, j'ai hurlé, j'ai chanté et j'ai caressé. Je pourrais facilement continuer cette liste parce que depuis longtemps je ne me suis pas senti aussi en vie. Il est tellement facile d'oublier qui on a été. D'une certaine façon, ces stages m'ont préparé à ce qui allait suivre. Ils m'ont aidé à dépasser des peurs existentielles qui me retenaient, notamment ma peur du ridicule. Une couche après l'autre, je me suis délesté de ce qui me retenait dans une vision restreinte de moi. J'y ai trouvé le courage de quitter l'Europe et de suivre mon intuition.

Explorer ces différents états de conscience me passionne toujours autant. Même si j'ai décidé de rester un peu plus ancré, de me sentir présent pour accueillir ma fille sur cette planète si exceptionnelle. Une leçon que je retiens de ces années : le cycle de la vie n'a pas besoin d'être accéléré ou ralenti. Il se passe, c'est tout. Ainsi, toute mort symbolique doit être vécue quand elle se présente, naturellement. Au bon moment, le bon livre, la bonne personne, la bonne série Netflix vont se présenter et vous donner envie de sortir de votre zone de confort pour explorer de nouveaux horizons. Ce n'est pas un objectif à atteindre mais un processus à accompagner, dont nous ignorons en grande partie le fonctionnement. Pas besoin de se mettre la pression pour devenir quelqu'un de meilleur ou de plus performant. Ce qui doit pousser en vous poussera.

Je retiens aussi de ces voyages l'importance d'arrêter constamment de chercher une solution, une nouvelle expérience ou une nouvelle rencontre. Et si j'arrêtais de vouloir trouver une réponse à mes questions ? Et si j'acceptais que tout est déjà là, qu'aucune journée n'est la même, tout en n'étant jamais complètement différente ? Et si, au lieu de me focaliser sur ce que « je » veux, je commençais à accueillir ce que la vie veut exprimer à travers moi ? Parce que finalement, ce qu'on trouve n'est que très rarement ce qu'on cherche. C'est d'ailleurs l'une des premières leçons que vous apprenez dans les formations de coaching. Le client formule une demande qui ne correspond pas à son besoin réel. Autrement dit, votre client ne sait pas vraiment ce dont il a besoin, sinon il n'aurait pas besoin de vous. En revanche, il est convaincu de le savoir. Voilà le challenge pour tout professionnel de l'accompagnement et toute personne en quête de soi. Votre ego croit savoir ce dont il a besoin. Une autre partie en vous sait que vous vous trompez. C'est elle qui vous propose des expériences de vie, qui seront peut-être différentes de vos fantasmes mais qui répondront à votre besoin réel. Magique, vous ne trouvez pas ?

Après chaque stage, j'ai mis plusieurs jours, voire plusieurs semaines à intégrer l'expérience vécue. C'était intense. C'était vrai. C'était juste. Je me souviens encore bien d'une discussion que j'ai eue avec une de mes anciennes associées. Assis dans un restaurant au plein milieu d'un centre commercial, je lui faisais tout un discours sur les vies antérieures. « Ça existe vraiment », lui ai-je dit en lui racontant tout ce que je venais de redécouvrir de mon passé. Laissez-moi vous donner un conseil. Si jamais vous revenez d'un tel voyage, attendez un peu avant d'en parler à ceux qui ne sont pas partis avec vous. Digérez l'expérience et prenez le temps avant de tout déballer, même si vos proches vous y incitent. Essayez plutôt de savoir ce qui s'est passé en votre absence. Cela évitera de nombreuses frustrations, voire des colères et des angoisses.

**Si j'ai réussi à attirer votre curiosité,
je vous invite à plonger à votre tour
dans ce grand mystère en participant
à l'un des stages proposés
par Nathalie Gruel et Gilles Jaffre**

J'aurais pu m'en tenir à la respiration holotropique pour avancer. Mais, malgré la libération émotionnelle que j'avais pu expérimenter, mon envie de disparaître était bel et bien toujours présente. Quelque chose me manquait pour aller au bout de cette quête. J'avais l'impression d'avoir simplement enlevé les premières couches. Comment faire pour me déconstruire complètement ? Comment faire pour apprivoiser mon envie de mourir, pour enfin choisir pleinement de vivre ?

Renaître en conscience

Une quête de vision est un rite de lamentation. Si un individu veut rencontrer son âme pour mieux vibrer au monde, c'est qu'il a reconnu qu'il est déconnecté de cette âme et que son histoire actuelle est trop restreinte par rapport à ses aspirations.

Paule Lebrun[1]

Je pourrais trouver de nombreuses explications plus ou moins rationnelles afin de justifier mon attirance pour le chamanisme. Depuis que j'ai plongé dans cet univers, j'ai perçu une certaine évidence. Les notions abordées me paraissent familières. Le livre de Paule Lebrun, *Quête de vision, quête de sens*, a eu un impact très fort sur moi. Une page après l'autre, je me reconnaissais dans ce récit. C'est l'un des ouvrages que je recommande

1. Paule Lebrun, *Quête de vision, quête de sens*, Paris, Véga, 2013.

le plus à ceux qui sont en recherche de sens. Paule a depuis rejoint le Grand Esprit et je suis d'autant plus reconnaissant d'avoir pu, le temps d'une dizaine de jours, m'abandonner à sa bienveillance et à sa sagesse.

Pour commander le livre de Paule Lebrun chez un libraire indépendant, ouvrez ce QR-code

Elle m'a aussi fait découvrir les méditations Osho, dont la particularité est d'être dynamiques. On danse, on saute, on se secoue.

Les méditations Osho font aujourd'hui partie de mes activités quotidiennes. Si cela vous intéresse, essayez-les en explorant ce site Internet

La quête de vision est un rite de passage ancestral magique très simple à mettre en place. Pas besoin d'aller à l'autre bout du monde, même si la nature sauvage est bien plus impressionnante loin de l'Hexagone. Laisser derrière soi ses possessions et le cadre sécurisant de sa communauté pour se retrouver à poil face au grand mystère est une expérience qui devrait faire partie intégrante de notre éducation. Qui suis-je si je ne suis plus mes vêtements, mon statut social et mon histoire familiale ? Cette question est tellement importante et j'allais me la poser sur une île déserte au nord du Québec.

En paix avec moi-même comme jamais auparavant

Notre obsession à former des jeunes pour les rendre dociles et « employables » le plus rapidement possible est un déni choquant de la complexité de l'être humain et de la beauté de ce que chacun pourrait apporter à notre société. C'est quand un jeune est encouragé à se perdre pour choisir en conscience quelle place il a envie de prendre (plutôt que de lui reprocher de ne pas savoir à l'avance quoi faire de sa vie), qu'il peut pleinement s'engager et se mettre au service du collectif. Écouter la « vision » que chacun rapporte

**Laisser derrière soi
ses possessions
et le cadre sécurisant
de sa communauté
pour se retrouver à poil
face au grand mystère
est une expérience
qui devrait faire
partie intégrante
de notre éducation.**

@ferdinandrichter

de sa quête, c'est peut-être la stratégie la plus élaborée et intelligente qu'un collectif puisse mettre en place pour se transformer proactivement au vu des changements que nous traversons ensemble.

Imaginez un peu des salariés du CAC 40 à la machine à café : « Je n'ai pas vu Paul ces derniers jours, tu sais où il est ?
— Son équipe est partie en quête de vision pour définir la stratégie 2022.
— Ah, super ! C'est vraiment cool qu'on ait mis en place tout ça. J'ai fait ma dernière quête avant le début du Covid et, à mon retour, je sentais que je devais prendre un an pour passer plus de temps en famille et prendre soin de moi. J'étais donc déjà un peu préparé aux confinements. J'avais proposé le télétravail et revu les objectifs à la baisse.
— Génial ! On a bien fait d'écouter les esprits et de prendre au sérieux nos intuitions. »

Cela peut vous paraître complètement irréaliste selon l'environnement professionnel dans lequel vous évoluez. Si vous avez une décision importante à prendre, passez du temps seul, en silence, dans la nature. C'est un conseil que je donne souvent aux dirigeants d'entreprise. D'ailleurs, l'une d'entre eux a décidé d'organiser ses réunions stratégiques dans la forêt, après une heure de marche silencieuse. Les résultats sont impressionnants. Le chamanisme appliqué à l'entreprise ne se limite pas à de la sauge blanche brûlée pour nettoyer l'énergie des pièces ou à des méditations au son du tambour. Se reconnecter aux éléments demeure le plus important. Ni plus ni moins.

L'arrivée sur mon île a été beaucoup moins aventurière que je ne l'avais espéré. Un bateau à moteur m'a déposé directement sur la plage, sans même que j'aie à mouiller mes chaussures. Le briquet pour allumer le feu faisait partie des objets obligatoires. Pas besoin, donc, de jouer à Robinson Crusoé. Malgré mes envies d'homme sauvage, le chaman ne m'avait pas laissé le choix : j'avais dû emporter dans mon paquetage les quelques objets indispensables pour un citadin en manque de vérité afin de survivre seul dans la nature sauvage.

J'y étais enfin, assis sur le sol épineux de la forêt québécoise, tout seul, sur une île déserte, en plein milieu d'un lac glacé. J'étais prêt. Prêt à recevoir l'absolution divine, à rencontrer les esprits, à hurler comme un loup sauvage, prêt à mourir. J'ai attendu un moment avant d'aller à la découverte de ce lieu nouveau, le temps de voir complètement disparaître le bateau derrière une île voisine, à quelques centaines de mètres de la mienne. Mon île, surnommée l'île de la chauve-souris, compte parmi une quinzaine d'autres, disséminées sur un gigantesque lac entouré d'une forêt de pins. Elle fait la taille d'un demi-terrain de rugby. Planté là, au bord de l'eau avec mon sac à dos et ma bonbonne de quinze litres d'eau, ma tente et mon matelas isotherme à mes pieds, j'avais l'air d'un jeune homme mis à la porte de son cocon familial pour enfin devenir adulte. Peut-être que c'était un peu ça. Se plonger dans la nature sauvage pour mourir de soi et revenir transformé, touché par le Saint-Esprit et l'envoûtement de la Terre Mère. Abrité sous les sapins et les bouleaux, les chaussettes remontées jusqu'aux genoux et la tête couverte par une moustiquaire spécialement acquise pour l'occasion, je ressemblais davantage à un apiculteur s'apprêtant à récolter son miel qu'à un aventurier en quête de sens. Mourir, oui, mais dans un certain confort quand même !

La préparation avec les autres aventuriers avait été méticuleuse. Ours, loups, serpents, tout un chapitre était consacré à « Comment se comporter quand on se retrouve yeux dans les yeux avec un animal féroce ». J'espérais faire une telle rencontre. Les pins jetaient des ombres menaçantes sur les rochers. Une branche a cédé sous le poids d'une créature invisible et m'a fait sursauter. Étais-je seul sur mon île ? Je ne pouvais que le supposer. Après quelques heures, j'avais l'impression d'être de plus en plus connecté à mon environnement, relié au grand mystère. Telle une cellule du corps humain, j'avais l'impression de faire partie d'un organisme vivant bien plus grand que le mien. Je me sentais en sécurité. Comme jamais auparavant. C'était assez surprenant. Je m'attendais à tout, sauf à ça. En pleine nuit, sous le ciel étoilé, à des milliers de kilomètres de chez moi, à écouter les bruits inhabituels d'une forêt sauvage, j'étais à la maison. Pour casser le silence inhabituel et entendre le son familier de ma propre voix, je me suis mis à discuter avec les arbres qui m'entouraient. J'avais l'impression de retourner en enfance. Il y avait aussi le champignon que j'avais trouvé juste à côté de mon campement. Instinctivement, je l'avais laissé en place, le protégeant même avec quelques brindilles. Au-delà de ces rencontres anecdotiques, je découvrais surtout une sérénité et une paix intérieure que je n'avais encore jamais ressenties.

En acceptant de partir à l'autre bout du monde, je m'attendais à une aventure bien plus extraordinaire. J'ai mis quelque temps avant de comprendre que c'était ça, le vrai miracle. Plus aucune inquiétude, plus d'angoisse, juste la plénitude du moment présent. Les quatre jours ont passé vite. Au lieu de rester assis pendant ces quatre-vingt-seize heures, à méditer, les yeux fermés et les jambes croisées, j'avais fini par chanter, discuter et effectuer les quelques rituels que l'on m'avait enseignés. J'étais si loin de mon bureau, de mon entreprise, de mes amis, de ma famille. J'étais loin de tout, et en même temps plus proche que jamais de moi-même.

Pour la dernière nuit sur mon île, j'avais scrupuleusement suivi les instructions données par le chaman. Allongé dans le creux laissé par un arbre déraciné lors d'une tempête, je me sentais prêt. Je luttais. Contre le sommeil, contre mon corps qui réclamait du repos et un peu de douceur, contre mon esprit qui ne voulait pas lâcher. Vers trois heures du matin, le bois que j'avais ramassé pour mon feu cérémoniel avait presque entièrement brûlé. Mes paupières ont commencé à se fermer et à se rouvrir à des intervalles de plus en plus longs. C'est là que, soudain, j'ai senti que tout se mettait à bouger autour de moi. D'abord doucement, et puis de plus en plus fort. Un tremblement de terre ? Il n'y en a jamais dans cette région. Ça ne pouvait pas être ça. Je le sentais dans tout mon corps, ce tremblement qui ne voulait pas s'arrêter. Je n'avais pas froid, pas peur non plus, c'était un tremblement bien plus profond, bien plus étrange. Comme s'il venait des entrailles de la Terre.

« Aide-moi ! » J'ai entendu la voix clairement et distinctement. « Aide-moi ! » Encore. Un chuchotement timide, dans un premier temps, qui allait devenir de plus en plus fort. « Aide-moi ! S'il te plaît ! Aide-moi ! Je t'en supplie, aide-moi ! À l'aaaiiiddeee ! » Le cri intense et puissant m'a fait froid dans le dos. Chaque cellule de mon corps semblait répondre à cet appel, entendait le hurlement alarmant, ressentait les tremblements désespérés, l'appel au secours d'une Terre souffrante. J'ai ouvert les yeux, saisi par de violentes secousses. Autour de moi, tout était immobile. Tout était parfaitement calme.

Je ne peux toujours pas expliquer ce qui s'est passé exactement cette nuit-là. Ai-je rêvé ou inventé la moitié de l'événement ? Peut-être, peut-être pas. Je suis certain d'une chose : depuis, je n'ai plus jamais pu revenir sur mon besoin viscéral de prendre soin de notre magnifique Terre. Jamais je n'aurais cru que mourir de soi pouvait être une expérience aussi délicieuse. Je ne pensais pas pouvoir survivre quatre jours sans manger, ni boire (il est extrêmement déconseillé de conduire cette expérience si vous n'êtes pas accompagné par des professionnels expérimentés) sur une île déserte au nord du Québec.

**Ne me croyez pas sur parole.
Allez-y, expérimentez et jugez
par vous-même la quête de vision.
Retrouvez ici les personnes auxquelles j'ai fait
confiance pour vivre cette expérience unique**

Regarder dans le miroir

Le chemin qui mène à son essence intérieure est souvent difficile. Peu de personnes osent réellement se regarder dans le miroir.

Martin W. Ball[1]

Écouter son intuition. Combien de fois ai-je lu cette phrase dans des livres de développement personnel ou des magazines de bien-être. Suivre cette voix(e) intérieure qui vous veut du bien, qui vous guide vers une vie plus en harmonie avec vos valeurs profondes. Mais que se passe-t-il si vous le faites vraiment ? Que se passe-t-il si vous sautez dans le bain à pieds joints ? Quelles règles, quelles limites, quelles normes sociales êtes-vous prêt à

1. Martin W. Ball, *Mushroom Wisdom*, Berkeley, Ronin Publishing, 2006.

remettre en question ? Quelles vérités accepteriez-vous de déconstruire ?

Ce que j'ai découvert les mois qui ont suivi ma quête de vision a été difficile à intégrer pour mon mental. Nous avons l'habitude d'expliquer, de rationaliser et de nous rassurer, pourtant, certaines choses sortent complètement de ce cadre. Une complexité qui est un vrai challenge pour mon ego. Les vies antérieures existent-elles ? Y a-t-il d'autres niveaux vibratoires, invisibles à l'œil nu, qui sont peuplés d'autres êtres vivants ? Que ressent une pierre ? Est-ce que tout objet a un niveau de conscience ? La télépathie fonctionne-t-elle vraiment ? Est-ce que je peux parler une langue étrangère sans jamais l'avoir apprise, simplement en me connectant à une autre partie de moi-même ? Peut-on soigner grâce aux vibrations du son, de la lumière et même des couleurs ? Je vous laisse le grand plaisir d'aller à la découverte de ces questions et de formuler vos propres réponses. L'expérience que je m'apprête à vous raconter a néanmoins profondément changé mon monde et ma façon d'aborder les projets que je mène au quotidien. L'humilité dont je m'efforce de faire preuve quand je travaille avec le vivant n'est pas une tentative pour être quelqu'un de bien aux yeux du monde. Je ne peux plus faire autrement que reconnaître mon ignorance. Je ne peux plus faire autrement qu'observer la naïveté de ce que nous appelons « l'éducation ».

Quand « je » ne suis plus

Quelques mois après ma quête de vision, je me suis retrouvé dans les montagnes d'Oaxaca, au Mexique, afin de rencontrer ceux qui travaillent régulièrement avec les champignons psilocybes, non pas pour m'amuser, mais bien pour guérir divers troubles dépressifs et anxiogènes qui m'accompagnent depuis de longues années. J'avais sous-estimé à quel point trouver une personne qualifiée détenant encore le savoir des anciens allait être difficile. De nombreux faux chamanes profitent du besoin d'extase des Occidentaux, notamment des jeunes Américains, en leur promettant des guérisons miracles ou des « trips » inoubliables. Je n'étais pas là pour ça. Je voulais apprendre et continuer à dire « oui » à ce que la vie me proposait de découvrir. Le Mexique était le pays qui me faisait le plus peur au monde. Certainement parce que j'avais regardé trop de séries parlant de la violence des cartels de la drogue et de kidnappings en tout genre. J'ai mis longtemps à me décider à y aller. Apparemment, derrière chaque peur réside un trésor qui n'attend que d'être découvert. En effet, j'ai découvert un pays dont je suis tombé amoureux. Pour une raison que j'ignore encore, je me suis senti à la maison. Ce sentiment a toujours été particulièrement fort à proximité de l'océan Pacifique. J'ai certainement vécu de nombreuses vies à ses côtés.

Quatre semaines après mon arrivée à Mexico, je suis enfin assis dans mon cercle sacré, délimité par quatre monticules de pierres, un dans chaque direction cardinale. La nuit est fraîche. Je suis à plus de 2 000 m d'altitude. À l'inverse des montagnes que je connais, il y a des arbres partout. Une vraie forêt vierge. Le feu m'aide un peu à me réchauffer. Dans ma main dorment trois petits champignons hallucinogènes. Je sais qu'ils sont strictement interdits en France, même si certains d'entre eux poussent un peu partout dans nos montagnes (je me permets d'ailleurs ici de déconseiller strictement ce type d'expérience si vous n'êtes pas dans un pays qui tolère ces pratiques ancestrales). Je sais que je vais vivre une expérience qui changera radicalement ma vision du monde. Je le sens dans chacune de mes cellules.

Je suis très bien préparé. En arrivant au Mexique, je n'ai pas perdu de temps. J'ai posé mon sac dans ce petit village perdu dans les montagnes, je me suis levé tôt tous les matins, vers six heures environ, pour courir jusqu'au lever du soleil, faire quelques étirements et prendre une douche froide malgré les

5 °C. Je veille à mon alimentation, essentiellement des galettes de maïs, des haricots, des avocats et des fruits frais. Je clarifie au mieux mon intention. Pourquoi suis-je ici ? Qu'est-ce que je suis venu chercher ? Je passe des heures assis devant la fenêtre de ma chambre à contempler le paysage. Je fais le vide. Je suis très bien préparé et pourtant je sens la peur grandir en moi. Peut-être que vous connaissez ce sentiment. C'est un peu comme si vous alliez ouvrir une porte et qu'une fois que vous l'avez franchie, vous ne pouvez pas revenir en arrière. Vous ne savez pas si ce que vous allez découvrir vous conviendra et vous pouvez vous dire : « Mais qu'est-ce que j'ai fait ? Jamais de la vie je n'aurai dû. » Avec le temps, je m'efforce de choisir avec beaucoup de vigilance les portes que je souhaite ouvrir. Non pas parce que j'ai peur de découvrir ce qu'il y a derrière. Plutôt parce qu'à force d'explorer le labyrinthe qui se trouve en nous, je trouve particulièrement facile de ne plus trouver le chemin du retour.

La plupart du temps, quand nous n'arrivons pas à atteindre un objectif, nous nous accrochons à quelque chose qui a besoin de mourir. Ça peut être une idée, un rêve, une vision du monde, une personne, un boulot, une émotion, une partie de nous-même et peut-être même un peu de tout cela en même temps. Plus nous essayons de repousser l'inévitable, plus nous créons de la résistance et plus nous expérimentons de la souffrance. D'après moi, ce que nous appelons « souffrir » est lié à de l'énergie qui stagne en nous, sous forme émotionnelle, mentale ou physique. Une eau croupie n'est pas potable. Si vous la buvez, il y a de bonnes chances pour que vous tombiez malade. La médecine chinoise applique cette logique depuis des milliers d'années : quelque chose, ou plutôt quelqu'un en moi, avait besoin de mourir. Une partie de moi voulait expérimenter qui j'étais quand « je » n'étais plus présent. Les champignons allaient me montrer le chemin. L'un de mes leitmotivs personnels a toujours été : *Leading by example*, l'exemplarité. Si je veux être crédible, je dois avoir vécu ce dont je parle. Sinon, au mieux je ne fais que raconter des histoires, au pire, je raconte des mensonges. C'est pour cette raison que j'ai voulu en apprendre plus sur ce processus de mort symbolique et de renaissance.

Ma quête de vision avait réveillé mon engagement écologique. Ma curiosité pour le pouvoir guérisseur des champignons a commencé aussi à ce moment-là. Prenez-moi pour un fou si vous voulez. Pendant les quelques jours passés sur mon île déserte, j'avais l'impression de vivre un échange télépathique avec l'un d'entre eux. Sans même le toucher, il m'a expliqué l'importance des champignons dans nos écosystèmes. Pour ne pas perdre la tête, j'ai vérifié toutes ses informations (que j'ignorais complètement jusque-là) sur Internet. De nombreuses études scientifiques prouvent ce que j'ai pu découvrir intuitivement. D'après ce que j'ai retenu, les champignons remplissent deux fonctions majeures. Premièrement, ils connectent tous les êtres vivants, notamment les végétaux, entre eux. Ils forment un réseau souterrain grâce au mycélium, comme un Internet naturel. Certains chercheurs l'appellent le Wood Wide Web. Il permet un échange de nutriments entre les plantes et transmet des informations d'un arbre à l'autre. C'est passionnant.

Regardez cette courte vidéo pour en savoir davantage sur les connexions entre les végétaux

Deuxièmement, ils aident la matière organique à mourir. Pensez à un bout de bois qui pourrit sur le sol. Ne serait-il pas possible que les champignons psilocybines soient des maîtres pour tous ceux qui se sentent déconnectés, qui ont peur de mourir et des difficultés à lâcher prise ? Leur consommation peut-elle nous aider à déconstruire ce que nous croyons être notre ego, certaines de nos peurs ou certains de nos traumatismes pour nous reconnecter à une autre partie de nous-même, voire à l'ensemble des espèces de notre écosystème ? C'est exactement ce que je m'apprêtais à vérifier. J'ai par la suite appris que les champignons hallucinogènes étaient utilisés en cancérologie pour accompagner les patients en fin de vie, notamment pour réduire la peur de mourir[1]. Encore une fois, passionnant !

Voici une étude réalisée par Roland Griffiths, PhD au Heffter Research Institute

Je regrette vraiment que la France n'ait pas encore compris l'importance cruciale de la recherche scientifique dans ce domaine. La loi y interdit toute activité (recherche, culture, possession, transport) de ces champignons qui sont sur la liste des stupéfiants. C'est notamment la

1. Richard Schiffman, « Psilocybin : A Journey beyond the Fear of Death ? », *Scientific American*, 1er décembre 2016.

raison pour laquelle, à aucun moment, je ne vous incite à tenter une telle expérience sur le sol français. Des professionnels spécialisés dans l'accompagnement thérapeutique peuvent être trouvés aux Pays-Bas, qui tolèrent certaines de ces pratiques. Si la législation n'était pas aussi sévère, un institut de recherche avec une équipe pluridisciplinaire pour accompagner la dépression, la détresse existentielle et les patients en fin de vie serait l'un de mes projets de cœur. D'autant plus que la préparation (physique, mentale, émotionnelle, psychologique et spirituelle) ainsi que le processus d'intégration de ces expériences initiatiques dans la vie de tous les jours sont particulièrement importants et encore très peu étudiés.

À ce sujet, découvrez cette interview passionnante de Stéphanie Chayet, journaliste et auteure du livre *Ces substances interdites (pour l'instant) qui guérissent*[1]

1. Paris, Pocket, 2021.

Quand un jeune homme m'a dit : « Je ne guéris personne, ce sont les *hongos* (champignons) qui te proposent de vivre ce que tu dois vivre », j'ai su que j'avais trouvé la bonne personne pour m'accompagner. La préparation physique et mentale que j'avais mise en place n'était pas demandée par mon guide. C'était tout simplement ma façon de respecter la puissance de la nature. Ne jamais partir en montagne sans les équipements ni la condition physique nécessaires. Je ne prenais pas cette exploration intérieure de mon esprit à la légère. Au fond, je n'avais pas du tout envie de mourir réellement. J'avais envie de me sentir davantage en vie. J'avais envie d'être un homme qui s'autorise à rechercher sa propre vérité.

La cérémonie a duré une nuit et une journée entières. J'en garde un sentiment profond de reconnexion. Ce n'est rien d'autre que mon expérience personnelle. Si je devais expliquer ce qui s'est passé, je dirais que, le temps de quelques heures, mon ego, avec toutes ses peurs, ses limites, ses objectifs et ses jugements, a disparu.

Je suis une pierre

Je suis allongé sur le sol, le feu crépite à côté de moi. Je ne sais plus depuis combien de temps j'ai avalé les champignons. Ils avaient un goût terreux.

La nuit défile sans que je ressente quoi que ce soit de particulier dans mon corps. Un message. C'est tout. Comme si quelqu'un m'expliquait une vérité qui me paraît complètement loufoque. « Certaines âmes sont tellement addictes à l'intensité de l'expérience terrestre qu'elles refusent de mourir. Elles font tout pour se maintenir en vie et ne pas laisser la place. La Terre se retrouve donc de plus en plus surpeuplée et l'humanité épuise les ressources pour vaincre la mort. Il faut aider ces âmes à lâcher prise. Il faut aider ces personnes à accepter la mort. Sinon elles vont finir vidées de leur essence. Une âme qui refuse le cycle naturel n'a pas d'autre choix que d'utiliser des quantités astronomiques d'énergie pour rester en vie. Et quoi qu'elle fasse, elle finira par s'effondrer tôt ou tard en faisant beaucoup de dégâts. » Je ne sais pas qui me parle. Ça n'a pas vraiment d'importance. J'écoute et essaye de mémoriser le message. M'en souviendrai-je plus tard ? Pour le moment, je n'en ai aucune idée. Ces pensées me paraissent complètement excentriques, venant d'un autre monde.

Le jour apparaît enfin. Je me lève, légèrement frustré de n'avoir ressenti rien d'autre. Tout me paraît normal. Je me sens en colère. Je donne un coup de pied dans l'un des petits monticules de pierres qui délimitent mon espace sacré. L'expérience doit être finie. Je me balade à quelques mètres quand, tout d'un coup, les sensations s'intensifient. Quel est ce bruit assourdissant ? Je regarde à gauche. Je repère une mouche à environ cinq mètres de distance. J'entends chacun de ses battements d'ailes. J'ai l'impression d'avoir les capacités sensorielles de Spider-Man. Mon corps prend le contrôle. Je ne peux que l'observer. Quelques minutes plus tard, je me retrouve à quatre pattes. Je suis un félin en mode chasse. Avec chaque partie de mon corps, j'ai l'impression d'être un animal sauvage. Je pose mes pattes doucement, l'une après l'autre, comme pour ne pas effrayer ma proie. Ma tête est focalisée sur mon cercle de cérémonie. Mon corps bouge lentement, chaque mouvement est exécuté avec attention. Quel délicieux sentiment.

Quelques minutes plus tard, je suis à nouveau debout dans mon cercle. Mon guide approche. Il me demande pourquoi j'ai détruit l'un des monticules. Je ne peux pas répondre. Il me demande de le reconstruire. Je lui réponds que je ne peux pas. C'est au moins une dizaine de pierres qu'il faut poser en équilibre l'une sur l'autre. Mon guide me regarde en souriant, comme s'il regardait un enfant qui découvre pour la première fois ce qu'il peut faire avec son corps. Il insiste. Je prends la première pierre et la pose sur le socle. Elle tient. La deuxième et la troisième suivent. En même temps que je pose les pierres les unes sur les autres, je continue de parler à haute voix. Ma conscience n'est même plus focalisée sur ce que je suis en train de faire et quelques instants plus tard, peut-être une quinzaine de secondes, une dizaine de pierres se tiennent en parfait équilibre devant moi. Je n'en crois pas mes yeux.

Plus tard, avec le recul, j'ai compris que je « ressentais » les pierres, comme si elles faisaient partie de mon corps. Ainsi, je savais exactement comment les positionner pour les faire tenir debout. Vous ne vous demandez pas consciemment comment poser vos pieds pour marcher, parce que vous êtes votre corps. C'est un peu le même sentiment. Le plus étonnant dans toute cette histoire, c'est que j'étais totalement conscient. Mon corps avait pris le contrôle mais j'étais bien présent, à observer ce qui m'arrivait.

Ce que j'ignorais à l'époque, c'est qu'après avoir déconstruit toutes mes barrières, après avoir « disparu » le temps d'une nuit et d'un jour, on voit arriver le moment où il faut reconstruire qui on souhaite être. Je ne le dis jamais assez : ce n'est pas l'ascension de la montagne qui est le plus dangereux, c'est la descente et le retour dans la vallée. Quand vous revenez d'une telle expérience, vous vous confrontez à tous ceux qui ont simplement continué

Ce n'est pas l'ascension
de la montagne
qui est le plus dangereux,
c'est la descente
et le retour dans la vallée.

@ferdinandrichter

leur vie quotidienne. Ils n'ont pas vu ce que vous avez vu. Ils peuvent même vous prendre pour un fou, voire vous rejeter car vous remettez trop en question leur réalité. Dans les traditions chamaniques, le retour des jeunes après une initiation est l'un des moments les plus importants pour toute la communauté. Ce sont les anciens qui aident les voyageurs à intégrer leur expérience et à en partager les enseignements avec la communauté. Car d'après leurs croyances, ce que les « esprits » transmettent à un individu n'est jamais dédié à cette personne uniquement. C'est un message pour tous les êtres humains, ou du moins pour la communauté qui accueille les personnes à leur retour. Malheureusement, nous avons perdu cette tradition. Nous sommes tellement habitués à enchaîner et à consommer les voyages que nous ne prenons plus le temps d'intégrer nos expériences et de les raconter afin de faire grandir notre entourage. Souvent, nous retournons directement au travail avec l'impression d'avoir vécu un rêve.

Étant donné la puissance de cette expérience (peut-être même sa violence, les deux termes sont à mon avis toujours très proches), vous vous doutez que je ne pouvais pas me contenter de rentrer en France pour reprendre ma routine métro-boulot-dodo. L'atterrissage a été dur, très dur. Se déconstruire est une chose, se reconstruire en conscience en est une autre. Je commençais à peine à savoir quel homme je ne voulais plus être. Celui que je voulais devenir me paraissait à la limite de l'impensable. Je ne sais pas exactement pourquoi j'ai eu besoin d'aller me perdre au fin fond du Mexique pour espérer me retrouver. L'espoir de m'enfuir de mon monde, de tout laisser derrière moi afin d'être enfin moi y est certainement pour quelque chose. J'avais besoin de me retrouver seul face à moi-même, dans un environnement au sein duquel je n'étais personne, un touriste au mieux, un homme en crise d'adolescence retardée peut-être. J'ai mis longtemps à atterrir. Mon corps était bel et bien revenu en France, mais mon esprit se baladait toujours dans les hautes sphères spirituelles.

Je suis rentré avec un message : nous sommes tous connectés, réellement. En détruisant les écosystèmes, nous nous détruisons. Notre pulsion de mort est de plus en plus présente dans notre quotidien, même si nous n'en avons pas toujours conscience. Le stress, la malbouffe, les pesticides, le plastique dans l'eau, le manque de mouvement, les nombreuses heures devant les écrans, la haine et la colère que nous n'avons pas appris à exprimer, tout cela nous tue à petit feu. Si je vous dis cela, ce n'est pas pour nous juger ou nous rabaisser. D'après mes expériences, nous cherchons simplement à apprivoiser la mort, à aller au bord du gouffre afin de choisir, une fois pour toutes, en tant que société, de vivre ou de mourir. Subir ce phénomène sans avoir le courage de se regarder dans le miroir et sans avoir pris conscience de notre responsabilité signifierait la fin de notre civilisation. Car la limite à ne pas franchir est ténue. Parfois, elle n'est pas visible et notre corps physique a ses limites : si vous avez appuyé sur la détente, il est trop tard pour choisir la vie. C'est pourquoi nous avons besoin les uns des autres. Nous avons besoin d'écouter les personnes qui sont déjà passées par ce chemin. Nous avons besoin de faire confiance à celles et à ceux qui nous disent « Stop ». Assumons le fait d'avoir atteint le seuil critique. N'ayons pas honte d'avoir joué ainsi avec la vie des générations futures, mais ayons le courage de ralentir et de suivre ceux qui ont pris le temps de se regarder dans le miroir.

Considérant la déconnexion qui existe, dans notre société occidentale, entre l'être humain et la nature[1], cette expérience m'a donné beaucoup d'espoir. Oui, nous pouvons déconstruire ce que nous pensons être. Nous pouvons changer de croyance et même de réalité. Nous pouvons nous relier à l'ensemble du vivant et accepter de n'être qu'une petite partie du tout, sans pour autant nier notre

1. Mélusine Martin, « Le besoin de nature à l'ère digitale, entre science et philosophie », The Conversation, 2018, en ligne : https://theconversation.com/le-besoin-de-nature-a-lere-digitale-entre-science-et-philosophie-95801.

place si unique. À chacun de trouver le chemin qui lui conviendra. Nul besoin de vivre une initiation chamanique. Cela prendra certainement un peu de temps, mais Rome ne s'est pas construite en un jour. Nous avons le pouvoir de mourir de nous-même, de renaître et d'accepter l'énorme défi qu'est la reconstruction d'une société plus juste et surtout plus connectée à la vie. Nous avons la capacité de remettre en question profondément nos valeurs pour incarner celles et ceux que nous sentons être dans ce présent que nous vivons collectivement. Liberté, égalité, fraternité. Est-ce que ces mots vous parlent encore ? Si oui, quelle définition en avez-vous et est-ce que vous les appliquez au quotidien ? Si non, peut-être qu'il est temps de choisir ensemble, à l'échelle de toute la nation (et pourquoi pas à celle de toutes les nations), des valeurs qui nous semblent encore plus d'actualité. Notre société, tel un adolescent rebelle qui ne veut pas grandir, s'accroche à un monde sans limites, sans contraintes et sans responsabilités. Éclatés en mille morceaux, nous avons besoin de déconstruire les anciennes vérités afin de pouvoir donner la chance aux jeunes générations de se reconstruire après les larmes. Allons au bout de cette démarche. Déconstruisons ce qui tombe en ruine. N'essayons pas de sauver les histoires qui n'ont plus aucun sens. Donnons les moyens, notamment financiers, aux jeunes générations de reconstruire un monde adapté à leurs besoins et aspirations. Aidons-les à ne pas commettre les mêmes erreurs et, surtout, encourageons-les à suivre leur cœur plutôt que le chemin tout tracé que leur propose le système éducatif traditionnel.

Reconstruire après les larmes

Après l'extase, la lessive.

Jack Kornfield[1]

Saviez-vous que 60 % des accidents mortels sur le mont Blanc[2] ont lieu lors de la descente ? Cette statistique est à peu près la même pour les accidents d'avion. L'atterrissage, le retour sur Terre, semble être la phase la plus délicate dans pratiquement tous les domaines de la vie. Comme me disait ma mère quand j'étais enfant : « Ne monte jamais sur un arbre si tu n'es pas certain de pouvoir redescendre. » Il est normal, pour un sportif ou un aventurier, de relâcher la pression une fois que l'objectif est atteint. Mais c'est bien l'après qui fait toute la différence. Serena Williams (23 titres en Grand Chelem de tennis) le dit avec ces mots : « Je pense sincèrement qu'une grande championne ne se définit pas par ses victoires mais par sa capacité à récupérer après une chute. »

1. Jack Kornfield, *Après l'extase, la lessive*, Paris, La Table ronde, 2001.
2. Jacques Mourey, « Accidentologie sur la voie classique d'ascension du mont Blanc de 1990 à 2017 », 2018, en ligne : https://edytem.cnrs.fr/pages-personnelles/jacques-mourey.

Depuis que j'ai appris à travailler avec la nature et non pas contre elle, j'ai découvert que la dépression postperformance n'est pas une maladie mais un état naturel qui permet de « descendre de la montagne », de retoucher terre et de décompresser. Les sportifs le connaissent bien mais n'osent pas toujours en parler. En entreprise, c'est encore un tabou. Trop souvent encore on exige de ses collaborateurs de tout donner, on exploite la ressource humaine jusqu'à épuisement et on remplace la personne quand celle-ci, épuisée, a besoin de temps pour récupérer. Internet et les réseaux sociaux accentuent ce phénomène. La *fear of missing out*, cette peur de rater quelque chose d'important, de prendre du retard sur les autres, a pour conséquence que l'on ne respecte pas le temps de récupération et d'intégration. Saviez-vous que, malgré leur possibilité de prendre un an de congé paternité en Allemagne, seuls 1,6 % des pères ont pris cette liberté en 2019[1] ? L'objectif est atteint, le bébé est arrivé, on peut passer à autre chose. Sauf que c'est lors de cette première année que la présence du père est la plus importante pour le nouveau-né[2]. J'ai été surpris d'apprendre que ce congé est toléré par les entreprises, mais rarement encouragé.

Avec le temps, j'ai compris que l'hiver, cette période de l'année pendant laquelle on revient aux choses simples de la vie et on prend soin de soi, est un

1. www.destatis.de/DE/Themen/Arbeit/Arbeitsmarkt/Qualitaet-Arbeit/Dimension-3/elternzeit.html.
2. Pascale Senk, « Le lien père-enfant important dès les premiers mois », *Le Figaro*, 2012.

passage obligé avant toute renaissance (et avant toute nouvelle performance). C'est parce que notre société juge ces états comme « fébriles » et essaye à tout prix de les « soigner » que nous n'avons pas appris à nous accepter ainsi. Nous ne comprenons pas pourquoi nous n'avons plus envie de continuer, pourquoi nous avons l'impression que plus rien n'a de sens. Nous n'avons pas l'habitude de ralentir, de ne rien faire et de nous contenter des choses simples du quotidien. Accompagner la dépression (plutôt que l'éviter/la soigner à tout prix avec des médicaments) est d'après moi l'un des plus grands enjeux de notre époque.

Après mes escapades au Mexique, j'ai vécu l'une de ces phases avec une intensité particulièrement forte. Plus vous vous élevez, plus la chute sera longue. Et quand vous retombez, cela se fait rarement en douceur. Vous tombez et vous espérez que le trou ne soit pas sans fin. Pour ma part, j'ai pleuré durant une semaine entière après avoir remis les pieds sur le sol français. Pourquoi ? Sur le moment, je ne le savais pas vraiment. Je sentais des angoisses terribles secouer mon corps. Le monde que je voyais n'avait plus aucun sens. « Je ne peux plus vivre dans ce monde. Que vais-je devenir ? Je ne vais jamais réussir à me réintégrer dans cette société qui marche sur la tête. Je ne supporte plus la violence avec laquelle nos organisations se maintiennent en vie alors qu'elles devraient tout faire pour renaître. » Le vide après l'extase. C'est avec beaucoup de gratitude que je repense à cette période de ma vie parce qu'elle m'a appris à mieux comprendre ce processus. J'ai réussi à traverser cette noirceur en acceptant pleinement mes émotions.

Il est extrêmement difficile d'accompagner des personnes pendant cette phase parce qu'il n'y a pas grand-chose à faire. Aucun conseil, aucune solution simple n'existe à ma connaissance. Une présence bienveillante est ce qui peut aider le plus. Passer du temps dans la nature vaut largement des séances chez le psy, même si ça ne les remplace pas. Ma compagne et sa mère m'ont accueilli quand j'étais le plus vulnérable, sans ressentir le besoin de me « soigner ». Ainsi, j'ai pu, jour après jour, me reconstruire. Et quel privilège de pouvoir rassembler les morceaux de mon être que je souhaitais garder et refuser ceux qui ne me correspondaient plus. Je ne serais pas la personne que je suis aujourd'hui si j'avais essayé de résoudre le problème seul et le plus rapidement possible. En faisant confiance, en restant « assuré » avec le reste de ma cordée, j'ai trouvé la force de me relever et de continuer mon chemin. Merci Sylvie, merci Ilia. Cette reconstruction a pris environ un an. Elle n'a pas été facile tous les jours, mais elle a transformé ma vie comme jamais je ne l'aurais envisagé.

En lisant les récits de sportifs, d'artistes, de managers ou encore d'astronautes, j'ai été surpris de constater que participer aux Jeux olympiques, voyager dans l'espace, chanter devant des dizaines de milliers de personnes ou vivre une expérience chamanique revenait à peu près à la même chose. Chacun ses préférences.

Si jamais une telle expérience vous attire, je ne peux que vous suggérer de bien préparer l'après-performance. Ce n'est pas pour rien que l'on parle du « mois d'or[1] » après la naissance d'un bébé. Ces quatre semaines après l'accouchement sont particulièrement importantes pour accueillir sereinement un enfant dans une famille. Après avoir vécu une renaissance, vous avez accouché de vous-même. Tel un bébé, vous êtes vulnérable. Pour ma part, j'ai passé un an à la ferme familiale que mes parents m'avaient gentiment mise à disposition. La nature me faisait du bien. Mon frère m'a aidé financièrement et j'ai essayé de découvrir chaque jour un peu plus qui j'étais en train de devenir. « Fais confiance ! Après l'hiver, le printemps revient toujours. Au bon moment, quand tu seras prêt, la suite de l'aventure va se présenter. » C'est ce que je me suis répété tous les jours, comme un mantra. À l'image du potager que j'ai transformé tout au long de cette année en appliquant les principes de la permaculture, j'ai lentement redonné vie

1. Céline Chadelat, Marie Mahé-Poulin, *Le Mois d'or*, Paris, Presses du Châtelet, 2019.

Fais confiance !
Après l'hiver, le printemps
revient toujours.
Au bon moment,
quand tu seras prêt,
la suite de l'aventure
va se présenter.

@ferdinandrichter

aux graines qui dormaient en moi. Je n'essayais pas de planifier la suite. J'étais présent à moi-même, vigilant au processus interne qui se déroulait sous mes yeux. J'ai revisité toutes les expériences qui m'avaient construit pour commencer à écrire mon histoire. Êtes-vous prêt à écrire la vôtre ?

interlude

CÉLÉBRONS NOTRE RENCONTRE

J'ai remarqué que, trop souvent, je ne prenais pas le temps de célébrer ces petites choses qui font la beauté de mon quotidien. Je les prends pour acquises, me dis que c'est normal. Je dis merci tout le temps mais j'ai toujours du mal à ressentir ce que les plus sages appellent la gratitude. Emprisonné par la difficulté de certaines expériences passées et intimidé par un avenir incertain, il est tellement plus confortable de cultiver la colère ou la peur. Alors que nous traversons une crise majeure de notre société, masqués la plupart du temps, nous prenons (enfin) conscience du fait qu'un simple sourire peut changer notre journée. Alors avant d'entrer dans le vif du sujet, j'aimerais vous proposer de célébrer notre rencontre, même si elle a lieu par l'intermédiaire du livre que vous tenez entre vos mains. Si je le pouvais, je vous servirais une coupe de champagne, un jus de pomme bio ou, soyons fous, un verre pétillant de *kombucha* (ma boisson préférée depuis quelque temps). Je vous regarderais dans les yeux et je vous dirais : « Enchanté, je suis ravi de faire votre connaissance. Merci de m'accueillir pour ce que je suis. »

Peut-être que vous savez pourquoi vous tenez ce livre dans vos mains. Peut-être que pour l'instant vous n'en avez aucune idée et que vous préférez tout simplement vous laisser porter par votre curiosité. Il se pourrait même que quelqu'un vous ait offert ce volume en espérant vous aider à changer et à vous améliorer. Désintéressé, vous allez peut-être le reposer et notre rencontre se terminera après la lecture de cette unique page. Quoi qu'il en soit, chaque chapitre est une invitation, un point de départ et non pas une vérité ou finalité en soi. Au fond, ma petite histoire personnelle, on s'en fiche un peu. Toutefois, si vous décidez de vous laisser entraîner dans une introspection intime qui vous guidera vers une vie plus en harmonie avec vos aspirations profondes, plus en lien avec ce qui vous tient à cœur, je me sentirai profondément honoré. Je pense sincèrement que notre monde a besoin de rééquilibrer certaines choses et que ce changement ne peut qu'avoir lieu si, individuellement, nous reprenons notre pouvoir de créer notre réalité. Nous ne nous connaissons pas et il est probable que nous n'allons jamais nous rencontrer. Mais j'ose affirmer que nous avons au moins une chose en commun : notre humanité. Merci pour votre confiance et merci, si vous décidez d'aller au bout de ce récit, de consacrer quelques heures de votre vie à cheminer ensemble, malgré la solitude qu'implique une renaissance personnelle.

Assez parlé. Prenez un verre, préparez-vous une tisane, souriez si vous avez envie. Nous sommes en vie, célébrons-le. En route pour une nouvelle aventure.

étape 2

REVISITER SES EXPÉRIENCES PASSÉES

Toute notre connaissance
découle de notre perception.

Léonard de Vinci

Quand on est pris dans la lessiveuse et qu'on a du mal à faire un pas de côté pour prendre du recul, il est très facile de s'oublier en chemin. Nous sommes nombreux à avoir perdu le fil de notre propre histoire. Avec l'urgence climatique et environnementale, beaucoup d'activités ont perdu leur sens.

Avant chaque renaissance que la vie me propose de traverser, avant que je me reconstruise, j'essaye de prendre un peu de recul afin de revisiter mes expériences passées. Assis devant un écran intérieur sur lequel défile ma propre vie, je prends conscience de la justesse de mes choix. Je découvre les liens cachés entre toutes mes expériences et je reconnais la force et le courage qui m'ont aidé à traverser les moments difficiles. Si chaque crise que nous traversons nous invite à laisser mourir certaines parties de nous-même, repérer le fil rouge de toutes nos vies permet d'apprendre à se connaître et de choisir en conscience celle que nous souhaitons reconstruire. Quelles expériences passées avez-vous du mal à assumer ? Quels événements vous ont touché ?

Replonger dans son enfance

Le bonheur est un rêve d'enfant
réalisé dans l'âge adulte.

Sigmund Freud

Peut-être que le temps est venu de vous poser les questions suivantes : qui es-tu ? Quels sont tes rêves d'enfant ? Quels événements de ta vie t'ont particulièrement marqué ? Est-ce que des personnes t'ont fait changer de chemin ? Quelle activité te fait oublier le temps ? Il y a une chose que j'aimais particulièrement faire, enfant : déconstruire des objets afin de reconstruire autre chose. Qu'est-ce que j'aurais fait sans les centaines de petits cubes en plastique que mes parents m'ont offerts ? (À l'époque je n'avais pas encore de conscience écologique et le plastique ne posait pas vraiment de problème.) Avec le temps, j'ai échangé les Lego contre d'innombrables projets et des rêves à réaliser. Je n'ai jamais beaucoup joué avec les objets

**Ce ne sont pas
nos blessures qui nous
définissent mais ce sont
elles qui rendent notre
beauté si unique. Nos joies
passées, quant à elles,
nous montrent le chemin
à suivre.**

@ferdinandrichter

que j'assemblais. J'aimais simplement le processus de la naissance d'une vision dans la matière. Quel sentiment agréable. J'ai pris conscience plus tard que chaque objet me permettait de mettre en forme une nouvelle partie de ma personnalité. Chaque projet, avec ses forces et ses faiblesses, sa beauté et sa laideur, est à l'image de ce que j'étais à ce moment précis de ma vie.

J'aimais donc déconstruire et reconstruire. Mais pour cela, il fallait que j'accepte de voir disparaître l'objet que j'avais mis des heures à fabriquer sans avoir la garantie que j'allais pouvoir créer quelque chose de comparable. Il n'est pas étonnant que j'aie voulu appliquer ce processus à un objet particulièrement intriguant et complexe : moi-même et, par extension, l'être humain. La croissance qui intègre cette notion de transformation – on pourrait même parler de transmutation[1] – est un processus alchimique qui a quelque chose de magique. L'essence qui reste à la fin du travail est d'une beauté inexplicable. Prendre le temps de revisiter mon enfance m'a permis de redécouvrir ce qui me donne envie de me lever le matin. J'ai pris conscience que tout dans la vie pouvait traverser ce processus et que je pouvais donc être heureux dans n'importe quelle activité, si on me permettait d'accompagner cette métamorphose et cette créativité.

1. Larousse : « Changement, transformation totale d'une chose en une autre. »

Utiliser notre mémoire pour regarder à nouveau nos expériences vécues permet de prendre du recul, comme si on regardait une série télévisée. Car d'une certaine façon, nous sommes tous un peu cet enfant qui joue avec sa figurine de Lego au point d'oublier qu'il est en train de jouer. Il s'identifie pleinement à l'histoire qu'il se raconte. Si votre vie était un livre, de quoi parlerait-il ? Quels personnages seraient les héros ? À quel jeu joueraient les personnages ? Si vous avez un peu de temps devant vous, prenez une feuille et un stylo et écrivez-la, votre aventure. Quand vous comprenez que l'existence peut être une histoire, vous pouvez décider de la réécrire. Ce que vous vivez n'est alors que la conséquence de ce que vous vous racontez. Changez la façon d'interpréter les événements qui vous arrivent et vous pouvez changer votre monde. Changer de vie devient ainsi assez simple. Je propose souvent à mes clients de coaching de déconstruire en douceur ce qu'ils ont construit afin de garder ce qu'ils préfèrent ou ce dont ils ont vraiment besoin. Revenir à l'essentiel pour être libre de choisir est un luxe que je vous invite vraiment à saisir, si vous avez la chance de pouvoir vous le permettre.

J'ai rêvé donc je suis devenu ?

Quel est le premier rêve dont vous vous souvenez ? J'ai mis des années à faire le lien entre ce souvenir et ma vie actuelle. Je devais avoir cinq ou six ans et c'est l'un des rares souvenirs qui est encore très présent dans mon esprit. C'est un rêve assez commun chez les enfants, mais dont l'issue me semble moins habituelle. Je cours dans le noir. Quelque chose me poursuit. J'ai peur, j'essaye de m'échapper. Malgré mes efforts, mes pieds glissent sur le sol et je cours sur place. Une ombre s'approche. Je ne sais pas exactement qui ou quoi me poursuit. J'ai froid. La peur augmente. Le monstre s'approche. Je panique. Je ne veux pas mourir, j'ai peur de mourir. C'est alors que quelque chose de vraiment étonnant se passe. Tout d'un coup, je prends conscience que je suis en train de rêver. Je commence à douter de l'histoire dans laquelle je suis enfermé. Je ralentis jusqu'à m'arrêter. Je prends conscience que fuir le monstre ne fait qu'entretenir ce cauchemar. Combattre le monstre et essayer de le vaincre revient à la même chose. Que faire ? Me vient alors une pensée qui me surprend toujours aujourd'hui. Et si je me laissais tuer par le monstre ? Et si j'arrêtais de résister ? Et si le seul moyen de me réveiller et de sortir de cette histoire était de mourir ? Je sens à quel point cette pensée m'effraie. Et si je me trompais ? Et si je mourais

Si votre vie était un livre, de quoi parlerait-il ?

@ferdinandrichter

« vraiment » ? Quand on est coincé dans un rêve, celui-ci est notre réalité. Il paraît complètement réel. Je décide d'écouter mon intuition. Je laisse approcher le monstre, je le laisse me dévorer. Je me réveille.

Dans de nombreuses traditions chamaniques, ce type de rêve fait partie du processus d'initiation qui permet de passer de l'enfance à l'âge adulte. Les « esprits » vous dévorent et vous aident ensuite à vous réassembler. Mais, au-delà de l'aspect symbolique, ce rêve questionne une contradiction qui fait toujours partie de ma vie. Faut-il lutter pour changer le système ? Ou bien est-ce qu'on ne fait qu'entretenir ce même système en se désignant comme « résistant » ? L'homme doit-il se battre pour ses idéaux ou ne fait-il que donner de la légitimité à ceux qui s'opposent à lui ? Si cette question avait une réponse simple, je pense qu'on le saurait. Je ne peux que témoigner de ce qui m'a aidé personnellement à mieux vivre avec ce conflit intérieur.

Ce rêve a eu une grande importance pour moi dans mes choix de vie, même si je n'en ai conscience que depuis peu. Parfois il faut arrêter de lutter pour laisser mourir la personne que l'on essaye d'être afin de recréer sa vie. Cela ne veut pas dire que c'est un processus facile. L'incertitude « d'après la mort », même si celle-ci est symbolique, me fait toujours aussi peur. Mais qui suis-je si je ne suis pas qui j'ai cru être ? Et si je me trompais et que je perdais tout ? Qui suis-je si je ne suis plus un rugbyman professionnel ? Qui suis-je si je ne suis plus le responsable France d'Ecosia ? Qui suis-je si je ne suis pas mon ego, mon corps, mes pensées ? Ces questions m'ont longtemps occupé l'esprit (et me prennent toujours la tête par moments). D'autant plus que m'engager pleinement dans l'histoire que je me raconte est pour moi le seul moyen de me sentir pleinement en vie. Je n'arrive pas à faire les choses à moitié. Quand je m'amuse avec le skateboard, je veux devenir skateur professionnel. Quand je dois faire mon service militaire, je veux devenir tireur d'élite chez les chasseurs alpins. Quand je joue au rugby, je veux jouer au Stade toulousain. Cela a toujours fonctionné comme ça pour moi. D'ailleurs, « m'amuser » n'est pas vraiment le bon terme. J'étais bien trop exigeant avec moi-même. C'est la maîtrise parfaite du geste qui provoque en moi ce que l'on peut le mieux comparer à de l'amusement. C'était la seule façon pour moi d'apprendre à mieux me connaître.

Je pouvais passer des heures et des heures à taper dans un ballon de rugby, hypnotisé par la trajectoire ovale. Quelle élégance. Le moment où on avance dans une direction, où on arme son bras pour envoyer le ballon en arrière dans les bras d'un coéquipier est magique. C'est un mélange parfait de force, de douceur et de précision. J'adore ! La victoire du match n'est ainsi plus un but à atteindre mais simplement une conséquence. La victoire, c'est le geste juste, pas un nombre de points à atteindre ou un adversaire à battre. S'identifier pleinement à un rêve est pour moi la meilleure façon pour le « ressentir » et d'évaluer si j'ai vraiment envie d'en faire mon métier. Est-ce bien mon rêve ? Ou bien suis-je en train de réaliser celui de quelqu'un d'autre pour lui faire plaisir ? Suis-je censé en réaliser un en particulier ? Peut-il y en avoir plusieurs ? Encore aujourd'hui, j'ai parfois du mal à répondre à ces questions.

Si comme moi, vous doutez de ce que vous voulez faire de votre existence, je ne peux que vous conseiller de faire un maximum d'essais sans avoir honte d'arrêter ou de changer si jamais votre corps vous incite à expérimenter autre chose. La vie fait bien les choses. C'est quand elle commence à se transformer en cauchemar que nous trouvons le courage de changer de voie. La plus difficile des expériences n'est pas vécue comme telle tant que nous avons choisi de la vivre. Le sentiment d'être coincé peut surgir lorsqu'on est amené à subir encore et toujours le même scénario. Il est alors temps de trouver une porte de sortie. Si nous ignorons cet appel, souvent notre corps nous le fait sentir. D'ailleurs, je ne pense pas que ce soit vraiment un choix. Si vous ne voyez pas de quoi je parle, je vous invite à regarder le grand classique *Un jour sans fin* avec Bill Murray.

J'ai découvert avec le temps que ce processus de transformation qui nous demande de nous réinventer peut plus ou moins se vivre en douceur. Au fur et à mesure de mes changements de carrière et de mes différents réveils, j'ai appris à vivre avec. Un arbre ne s'inquiète pas quand ses feuilles tombent au sol en automne. Il ne s'inquiète pas quand cette partie, qu'il a mise toute une année à créer meurt. L'arbre « sait » qu'il va renaître au printemps. J'essaye d'être cet arbre. Si vous préférez une image animale, nous sommes comme des serpents en pleine mue. L'ancienne peau doit tomber, il n'y a pas d'autre solution. Et la nouvelle est encore fragile, elle a besoin de temps pour se consolider. Cette fragilité peut faire peur car on est vulnérable. Mais quoi que vous fassiez, vous êtes obligé de « muer ». Essayer de garder en vie son ancienne peau à l'aide d'une crème antiâge, d'opérations de jouvence peut fonctionner un certain temps mais ne fera que reporter l'inévitable : votre transmutation et votre renaissance. Je pense que c'est ce que nous vivons actuellement en France et dans le monde. Certains vous diront que c'est Gaïa elle-même qui nous envoie des signaux d'alerte pour enfin vivre en harmonie avec elle.

Je vous invite à découvrir cette théorie intéressante à travers un article de Denis Chartier, maître de conférences en géographie à l'université d'Orléans

L'urgence climatique et environnementale qui est la nôtre ne nous laisse d'autre choix que de changer et de réinventer notre façon de vivre ensemble. Il est temps d'ouvrir les yeux et de transformer notre économie, nos entreprises, notre façon de traiter le vivant. Beaucoup de personnes luttent encore et essayent de s'accrocher à l'ancienne peau. La triste vérité est que ces dernières années, comparées à la période 2010-2014, les ventes d'armes de la France ont augmenté de 72 %, faisant de l'Hexagone le troisième exportateur d'armement au monde[1]. Quotidiennement, je découvre des initiatives qui utilisent le vocabulaire guerrier pour donner de la puissance à leur récit. « Guerrier de

1. Isabelle Chaperon, « La France devient le troisième exportateur mondial d'armement », *Le Monde*, 2020.

la lumière[1] », « guerrier pacifique[2] » ne sont que quelques exemples glanés au fil de mes lectures. D'après moi, ce vocabulaire risque d'entretenir la même énergie. Je pense que très bientôt, nous n'aurons d'autre choix que de faire la paix et de prendre soin les uns des autres. Des nations entières se sont construites sur la guerre, l'appropriation des ressources naturelles, l'exploitation des populations par la force. Les hommes se sont bien amusés à se chamailler, à bomber le torse pour crier haut et fort leur fierté. J'espère sincèrement que Gaïa ne nous laissera pas continuer ainsi. Et en attendant que les hommes de pouvoir arrêtent de diriger avec leurs ego, je ne peux que soutenir toutes les femmes et les hommes qui cherchent à créer un monde plus doux et bienveillant. Il est temps de laisser mourir le guerrier pour devenir un gardien de ce qu'il y a de plus précieux sur terre, la vie.

Je suis présent pour apprendre à m'aimer

Cette foi dans le mouvement naturel des choses m'a aidé à développer, petit à petit, une confiance profonde en la vie et à accepter les émotions sombres qui resurgissent encore régulièrement en moi. Dire « au revoir » à quelqu'un ou quelque chose que l'on a aimé est toujours triste. Renoncer

1. Paulo Coelho, *Guerriers de la lumière*, Paris, J'ai lu, 2018.
2. Dan Millman, *Le Guerrier pacifique*, Londres, H. J. Kramer, 2000.

à un projet, une vision ou à une idée peut prendre plusieurs jours, voire plusieurs semaines. Comme nous l'enseignent les différentes techniques de méditation, ces émotions sont comme des nuages qui passent dans notre ciel. Certains sont légers, agréables à regarder, d'autres vous font peur et apportent la grêle, les éclairs et la pluie torrentielle. D'après mon expérience, plus j'accepte de vivre et de traverser ces épisodes sombres, ce besoin qui ressurgit parfois d'exprimer avec violence ma rage, moins ils durent. Je ressens ce que j'ai besoin de ressentir et puis je passe à autre chose. C'est ce que je m'efforce de mettre en place au quotidien. Un va-et-vient entre accueillir mon environnement avec bienveillance, vivre pleinement l'état dans lequel je suis et lâcher prise afin de retrouver la paix intérieure. Et non, ça ne marche pas tous les jours. Mais je perçois un réel changement positif sur le long terme.

C'est en acceptant l'homme que je suis devenu que je deviens disponible pour prendre soin de l'enfant que j'ai été. J'apprends à être présent pour pouvoir me protéger. Je suis présent pour m'aimer. Je suis à l'écoute pour répondre aux besoins qui sont restés sans réponse. C'est parce que je m'autorise à être mon propre père que je peux l'être pour ma fille. Le plus beau dans ce travail, c'est qu'il me permet de reconnaître tout ce qui m'a manqué étant enfant ainsi que tout ce que mes parents ont pu m'offrir afin de m'aider sur mon chemin. Avec le temps, j'ai appris que travailler « avec sa nature » est bien moins risqué qu'essayer de la dominer. Accueillir ses émotions et apprendre à les exprimer est sur le long terme bien plus facile que les enfouir en soi.

Respecter la nature pour qu'elle nous laisse vivre

Les montagnes ne sont pas justes ou injustes.
Elles sont simplement dangereuses.

Reinhold Messner[1]

Depuis quatre jours, notre compagnie de chasseurs alpins réalise un exercice à 2 500 m d'altitude dans les Alpes autrichiennes. J'adore ces aventures, c'est exactement pour cela que je me suis engagé volontairement à l'âge de dix-sept ans pour accomplir mon service militaire de neuf mois. Pour vivre des aventures extrêmes desquelles j'allais pouvoir me vanter. Personne ne vous précise que l'arme automatique que vous tenez dans la main peut tuer à 250 m de distance. Jouer aux gendarmes et aux voleurs, c'est à peu près à cela qu'on vous forme. Nous étions une bande de jeunes mâles, la plupart à peine sortis de l'adolescence. Vous pouvez deviner le risque qu'une telle mission en haute montagne implique. Perdre un gant peut être fatal. S'amuser

1. Giovanni di Lorenzo, « Die Kunst ist, nicht zu sterben », *Die Zeit*, 2019.

à lécher le fusil pour faire rigoler ses camarades peut vous envoyer à l'hôpital (heureusement, personne n'a eu cette idée stupide cette fois-ci). Car oui, à – 35 °C, votre langue reste collée au métal et le risque de voir votre peau arrachée est réel. Alors que je suis loin de chez moi (j'ai grandi à Hambourg, en Allemagne), dans un environnement plutôt hostile, je me sens comme un poisson dans l'eau.

Aujourd'hui, je sais que le fait d'être venu sur Terre prématurément (je suis né six semaines avant le terme) a défini chez moi le mode « survie » comme mode par défaut. Toute erreur peut me coûter la vie, c'est le message que mes cellules ont enregistré dès mon plus jeune âge. J'avoue que cela peut provoquer de nombreuses colères démesurées dans des contextes quotidiens anodins. À l'inverse, dans des situations extrêmes, cela me permet de garder un calme surprenant. Savez-vous comment s'est passée votre naissance ? Savez-vous dans quel état émotionnel était votre mère pendant sa grossesse ? Je vous invite à le découvrir. Car même si nous ne nous en souvenons pas, notre corps garde ces informations en mémoire.

Notre commandant annonce la fin prématurée de l'exercice : c'est trop dangereux, malgré le bivouac que nous avons construit pour accueillir une équipe entière. Il fait trop froid et ce n'est qu'un exercice. Je suis frustré. Je ne veux pas retourner à la caserne pour apprendre à marcher en rang, faire correctement mon lit et polir mes chaussures. Ce n'est pas pour nettoyer encore et encore chaque morceau de mon fusil d'assaut que j'ai rejoint les chasseurs alpins. Mais quand vous faites partie d'un collectif tel que l'armée, ce n'est pas votre avis qui compte. Vous exécutez les ordres et vous essayez au mieux de faire confiance à la compétence de votre supérieur. Cette expérience m'a appris une chose importante en termes de leadership : quand vous devez prendre des décisions pour un collectif qui dépasse largement la taille d'une équipe, vous devez envisager les accidents les plus stupides et prendre votre décision en conséquence. Il ne suffit pas de faire confiance ou d'expliquer à quel point lécher son arme est un geste dangereux. Il faut connaître les membres de son équipe au point d'anticiper les gestes qu'eux-mêmes ne savent pas encore qu'ils vont faire. J'ai encore beaucoup d'admiration pour les leaders qui s'autorisent une telle clairvoyance et empathie. Quelles décisions pensez-vous devoir prendre pour protéger ceux qui ne savent pas encore qu'ils vont mettre tout le monde en danger ? Surtout quand vous avez du mal à évaluer la dangerosité de la situation parce qu'il n'y a pas de précédent. Sacrée responsabilité.

Si l'exercice devait durer une semaine entière, s'autoriser à changer de cap et à revenir en arrière était la seule décision juste. Parfois, c'est la seule façon de survivre. Car laisser son ego prendre le contrôle dans de telles situations peut être fatal. Les accidents arrivent quand vous perdez cette humilité et cette clairvoyance. Et comme on l'entend souvent, l'exploit et la folie sont très proches. Il n'est pas toujours facile de décider s'il faut tenir bon ou s'il faut à tout prix changer de chemin. Pour autant, quand vous avez passé des mois, voire des années à préparer l'ascension de l'Everest et que votre guide vous dit : « Non, ce ne sera pas pour cette fois-ci. Nous devons faire demi-tour maintenant », vous devez savoir mettre vos ambitions de côté au risque de le payer très cher. Je n'ai pour ma part jamais éprouvé le besoin de gravir la plus haute montagne du monde mais c'est bien ce milieu naturel qui a failli raccourcir drastiquement ma vie.

L'exploit et la folie
sont très proches.
Il n'est pas toujours facile
de décider s'il faut tenir
bon ou s'il faut à tout prix
changer de chemin.

@ferdinandrichter

Cloîtré dans une grotte des Alpes italiennes, pris dans un violent orage, j'ai pour la première fois prié Dieu. « Si tu existes, c'est maintenant que j'aurais besoin de toi. » Je pensais sincèrement ne pas m'en sortir vivant. J'avais froid, je n'avais plus aucune notion du temps, j'étais seul à attendre et j'ai invoqué pour la première fois quelque chose de plus grand que moi pour me filer un coup de main. Cet épisode a marqué le début de ma découverte des mantras, des prières, de la répétition des gestes ou, pour le dire autrement, de la puissance de notre esprit quand il est focalisé sur une intention précise. Quand je repense à cette journée et que je ferme les yeux, les images sont très présentes. J'étais un jeune garçon de dix-sept ans en manque d'amour paternel. Quand le père et l'oncle de ma copine de l'époque m'ont proposé une sortie de canyoning entre hommes (descendre en rappel le lit d'une rivière), j'étais le plus heureux du monde. Les deux hommes avaient une grande expérience en montagne et c'est en totale confiance que je me suis joint à eux. Nous étions mal équipés, mal préparés. La décision avait été prise sur un coup de tête, une envie soudaine de défier les éléments. Mais ça, je ne le savais pas sur le moment. Il y avait un peu dans l'air un goût de : « Nous, on sait ce qu'on fait, on n'a pas besoin de tout ce matériel. On l'a déjà fait plusieurs fois. »

Nous descendons plusieurs cascades en rappel. Les arbres et les rochers nous servent de compagnons car la voie n'est pas équipée. L'environnement est magnifique. De gigantesques rochers de la taille d'une maison familiale se sont installés sur le canyon et forment une sorte de toit au-dessus de la rivière qui se situe 30 m plus bas. L'eau ruisselle sur les parois et la mousse pousse un peu partout. Quelques rayons de soleil passent par-ci par-là entre les roches. Le spectacle est féerique. L'eau est très froide, peut-être 5 °C, et nous n'avons pas de combinaison. Selon mes guides, nous n'allions pas avoir besoin de nous mouiller. Je fais confiance. Aveuglément. Je ne me pose même pas la question.

Quelques centaines de mètres plus loin, les rochers ont complètement recouvert la rivière et il est impossible d'apercevoir la suite du parcours. Les rayons de soleil ne suffisent plus pour voir où cette grotte va nous mener. « Laissez-moi avancer un peu. Attendez-moi ici », dit le père de ma compagne. Après quelques explorations infructueuses, il réapparaît derrière la paroi : « J'étais persuadé qu'on pouvait passer. Mais là, je n'y vois rien. C'est le noir total. » La décision est vite prise, il faut remonter les cascades précédentes afin de sortir du canyon. Malheureusement, nous avons retiré la corde et aucune accroche ne permet de sécuriser notre ascension. En plus, le seul chemin possible traverse la cascade. Il faut plonger dessous afin de pouvoir grimper la paroi. « Attends ici, me disent les deux hommes, nous allons escalader la cascade et dès que nous aurons installé la corde, nous viendrons te chercher. »

Le temps me paraît interminable. Je n'en peux plus d'entendre l'eau couler autour de moi. Je me bouche les oreilles et commence à chanter. Finalement, l'oncle a réussi à escalader la cascade, ce qui en soit est déjà une prouesse hors normes, et c'est à mon tour de grimper. Je plonge sous l'eau et m'arrête sous la cascade, frigorifié. Je fais deux pas en arrière et ressors de l'eau glacée. « Jamais de la vie je ne vais y arriver. Mon corps ne répond plus. » Le père de ma compagne me regarde et me dit : « Tu n'as pas le choix. » Je comprends sur le coup qu'il est question de vie ou de mort. Je ne peux pas faire autrement que plonger sous la cascade pour atteindre les rochers glissants. Instinctivement, je me reconnecte à ma respiration. J'inspire, j'expire, j'inspire, j'expire, je plonge. J'arrive à traverser la chute d'eau. Je touche les rochers. Ils sont glissants et gelés. Je commence à escalader. Je sens que les deux hommes me tirent à moitié. L'un d'en haut, l'autre en tenant la corde d'en bas. Je pose mes mains l'une après l'autre.

Je fais confiance à mon corps. Un dernier effort, un dernier signal envoyé par mon cerveau à mes jambes. Poussez ! J'arrive en haut de la cascade, exténué.

C'est au tour du père de ma compagne. Il a encore moins de force que moi, ses membres ne répondent plus. Nous finissons par le tirer à la force de nos quatre bras. Une petite victoire que nous ne prenons pas le temps de célébrer. Il y a une seconde cascade, et les murs sont encore plus lisses. En temps normal, j'aurais admiré la beauté de cette nature sauvage. Aujourd'hui, je n'ai même plus l'énergie pour avoir peur. Comme quoi, une même situation, une même expérience, peut provoquer un sentiment et son contraire. Tout dépend du contexte.

Avant de s'attaquer à cette seconde ascension, nous nous réfugions sur quelque espace sec en bordure de l'eau. Ça fait du bien de ne plus avoir les pieds dans le torrent. L'espoir renaît et, à l'idée d'être bientôt sorti d'affaire, j'arrive même à sourire légèrement. Mon enthousiasme ne dure que quelques minutes. Il a commencé à pleuvoir. On ne l'a même pas remarqué. Une minute plus tard, l'eau monte d'un coup, sans crier gare, jusqu'au-dessus de nos genoux. Une digue a dû rompre en amont. Je grelotte. Je sens à peine mes pieds.

« Il faut qu'on se mette à l'abri, le temps que ça passe. Et vite », dit l'oncle. Il n'y a pas beaucoup d'endroits où se réfugier. En face de nous, un tunnel remonte dans la roche : 2 m de diamètre et environ 6 m de profondeur. Des petits cailloux partout. Je suis le premier à monter. Les deux hommes me font la courte échelle. Je glisse mais je finis par atteindre ce refuge de secours. Assis tant bien que mal dans ce tunnel à regarder l'eau défiler en dessous de moi, j'ai la corde dans les mains. Mes deux compagnons sont toujours en bas. Malgré mes efforts, ils n'ont plus la force de venir me rejoindre.

« On va se réfugier plus loin. Attends-nous et ne bouge pas ! » Je ne sais pas combien de temps je reste assis là. Encore aujourd'hui, quand je ferme les yeux, je peux voir les contours du tunnel donnant sur l'eau en colère. Ce bruit assourdissant. Mes membres qui ne bougent plus. J'ai peur de lâcher et de glisser dans la rivière. Je me demande si c'est la fin. Je n'ai pas de nouvelles des deux hommes. Sont-ils encore là ? Ont-ils été emportés par les flots ? Je n'en sais rien. Les minutes passent. Les heures, peut-être. Je suis toujours assis dans mon tunnel, je ne sais plus quoi faire. C'est dans ces moments, quand la situation semble désespérée, que l'homme se tourne vers la seule personne qui peut encore faire une différence, Dieu. Pour être honnête, je ne sais plus exactement ce que je lui ai dit. Je sais que j'ai prié. Longtemps.

L'oncle réapparaît à l'entrée de mon tunnel. « Il faut qu'on y aille. Ça ne se calme pas. Descends et on va essayer d'escalader le mur.
— Non, ai-je répondu sans réfléchir, il y a un peu de lumière tout en haut du tunnel. Peut-être qu'on peut sortir par là. »

Ce n'est pas un choix rationnel. Je ne sais pas pourquoi j'ai proposé à l'oncle de me rejoindre. Mais il semble me faire confiance. Heureusement qu'il a grandi avec un baudrier à la place des couches. Avec le peu de force qu'il me reste, je tire sur la corde pour l'aider du mieux que je peux. Il continue l'ascension et commence visiblement à creuser. Des pierres tombent. Il s'enfonce de plus en plus dans la cavité jusqu'à complètement disparaître. « Viens, me dit-il. À ton tour. » Il a dû trouver une sortie. Je me lève doucement, faisant attention à ne pas glisser. Une chute serait fatale. Je m'engouffre dans mon trou de lapin. Il est orienté vers le haut. J'ai peur de glisser. Quelques minutes plus tard, je me retrouve dans l'herbe, juste au-dessus de la cascade. On a réussi, on est sortis !

Le père de ma compagne, lui, n'a plus aucune force. Grâce à quelques nœuds coulissants, nous réussissons à le hisser hors du bassin. L'adrénaline coule dans nos veines. Nous sommes excités comme des gamins. Quelle aventure ! Le retour à la voiture est presque joyeux. Au fond, je suis traumatisé, mais je ne le sais pas encore. C'est en rejoignant nos familles que nous comprenons le danger auquel nous avons dû faire face.

Cette expérience a créé en moi un respect profond pour les éléments et pour ce qui est plus grand que nous. Un respect qui m'aide à accepter de reculer et de revenir en arrière si le chemin qui se présente à moi est sans issue, qui m'a poussé à demander de l'assistance quand j'en avais le plus besoin. Nous ne sommes qu'une petite partie de l'univers et notre arrogance peut rapidement nous être fatale. Respecter la puissance et la beauté de la nature devrait être un enseignement clé dans toutes les écoles. La question que nous devrions nous poser est la suivante : devons-nous défier la nature au risque de mourir pour accepter notre juste place ? Il semble qu'il s'agit exactement de ce que nous sommes en train de faire. Malheureusement, quand on joue avec les éléments et qu'on n'est pas bien préparé, qu'on a une alimentation malsaine et qu'on n'a plus l'habitude de se relever après une difficulté, l'issue n'est pas toujours aussi heureuse.

**Respecter la puissance
et la beauté
de la nature devrait être
un enseignement clé
dans toutes les écoles.**

@ferdinandrichter

Si je vous raconte cette histoire c'est d'abord pour vous montrer à quel point reculer devant un danger n'est pas un signe de faiblesse, mais un acte de courage. Non, nous n'avons pas toujours besoin d'être le plus fort et d'aller au bout des choses. Non, nous n'avons pas toujours besoin de dominer la nature. Et non, ce n'est pas parce qu'une personne l'a déjà fait de nombreuses fois que vous devez lui faire confiance aveuglément. Cette sortie en montagne m'a appris que la confiance ne devrait jamais être synonyme d'aveuglement. Ce n'est pas parce qu'un leader a de l'expérience et des connaissances accumulées depuis des dizaines d'années qu'il ne peut pas se tromper ni mettre en danger toute l'équipe. Autrement dit, ce n'est pas parce que vous avez un bac +5 en sciences politiques que vous ne pouvez pas complètement vous planter en termes de stratégie pour lutter contre un danger, quel qu'il soit. Le doute est depuis un de mes plus grands alliés. Douter est la meilleure façon de questionner ce qui semble être la vérité absolue. Le doute permet de prévoir les risques et de ne pas se mettre en danger inutilement. Car oui, la montagne est dangereuse. La vie peut être dangereuse. Et il est complètement insensé de prendre la puissance des éléments à la légère. En montagne, il vaut mieux se préparer au pire pour vivre le meilleur, plutôt que l'inverse.

Ne jamais reculer. Ne jamais revenir en arrière. Ce sont des phrases que nous mettons sur un piédestal dans notre société de performance. Le progrès technique, la fuite en avant sont considérés comme la seule option raisonnable. Si vous avez déjà passé quelque temps dans les montagnes, vous savez à quel point c'est une approche dangereuse et complètement irresponsable. Le seul moyen pour rendre la nature prévisible, c'est de la détruire. Est-ce vraiment ce que nous souhaitons ? Quelque chose s'est passé ce jour-là. Quelque chose d'important dans ma vie. Je ne me permettrais plus jamais de suivre un leader, quelle que soit son expérience dans un domaine, sans écouter mes doutes et mes peurs. Ils ne sont pas là pour être niés ou défiés à tout prix mais pour nous protéger et pour nous permettre de préparer sérieusement les expériences que nous souhaitons vivre. Car oui, la vie n'est pas injuste ou juste. Elle ne vous récompensera pas forcément si vous avez été une bonne personne. Elle ne vous punira pas non plus. Elle est. Et parfois, si vous jouez trop avec les choses qui vous dépassent, si vous êtes des apprentis sorciers qui ignorent volontairement la complexité du vivant, vous pouvez payer ou faire payer le prix fort. Car la vie n'a pas peur de mourir.

Cette leçon est l'une des plus importantes de ma vie. Jamais je n'aurais pu devenir sportif professionnel si je n'avais pas pris au sérieux ma préparation physique et mentale. Jamais je n'aurais osé explorer ma psyché grâce aux rites initiatiques chamaniques si je n'avais pas auparavant cultivé ma force d'esprit et ma foi dans l'intelligence du vivant. On ne peut pas contrôler les éléments mais on peut choisir comment on se prépare pour partir à l'aventure. On peut mettre toutes les chances de son côté. Quel que soit le projet ou le rêve que vous avez en tête, vous pouvez mettre en place un « plan d'entraînement » digne des plus grands sportifs. Tout est une question de priorité. Prendre un appartement moins cher, accepter un emploi alimentaire, renoncer aux sorties au restaurant ne sont pas des sacrifices. Ce sont des choix pour créer l'espace nécessaire à votre renaissance. La seule façon de transformer un champ de monoculture en un magnifique jardin autosuffisant est de créer de l'espace dans votre vie pour gagner en expérience. Avoir confiance en soi n'est pas un diplôme miraculeux que vous allez recevoir à la fin d'une formation de management. C'est la conséquence d'un passage à l'action quotidien méticuleux qui permet, le jour où vous êtes confronté à vos limites, d'avoir assez confiance en vous pour écouter vos peurs ou votre courage. Cette confiance en soi permet d'accueillir chacune de ces options comme le meilleur choix possible, sans regretter sa prise de décision.

Être mal équipé et peu entraîné a failli me coûter la vie. Être bien équipé et bien entraîné, au contraire, allait m'aider à vivre l'un de mes plus grands rêves d'adolescent : porter le maillot du Stade toulousain.

Relever son niveau de jeu

Le talent permet de gagner des matchs.
Le travail en équipe et l'intelligence permettent de gagner des championnats.

Michael Jordan

Comme beaucoup d'adolescents qui progressent dans un sport, j'avais le rêve de devenir sportif professionnel. Plus précisément, je rêvais de porter le maillot du club que je considérais (et que je considère toujours) comme le plus grand club de rugby du monde, le Stade toulousain. À l'époque, je vivais en Allemagne et je n'avais encore jamais vu de match professionnel en direct. Les matchs étaient enregistrés par les Français de mon club d'origine (le Hamburger Rugby Club) sur des cassettes VHS. Ils étaient les seuls à avoir un abonnement Canal +. Je connaissais à peine les noms des joueurs. Fabien Pelous, Frédéric Michalak, Xavier Garbajosa étaient à mes yeux des demi-dieux. Pendant mes études d'ingénieur en génie civil à Munich, j'ai commencé à prendre au sérieux mon rêve (et un peu moins mes études). J'essayais au mieux de jongler entre les cours, les travaux dirigés et les entraînements. Je savais que mon talent n'allait pas suffire. Je n'étais pas particulièrement rapide. Je n'avais pas une prédisposition musculaire extraordinaire, mais j'avais une chose : ma détermination mentale. Mon père me disait toujours : « Toi, quand tu t'es mis quelque chose dans la tête, tu vas toujours au bout. » Je ne savais pas comment j'allais y arriver, je savais juste que j'allais le faire. Michael Jordan dit plus ou moins la même chose : « Certaines personnes veulent que ça arrive, certaines espèrent, et d'autres font tout pour que cela leur arrive. »

Mes journées se ressemblaient beaucoup. Réveil à cinq heures du matin, entraînement seul pendant une heure et demie, quelle que soit la météo (l'hiver à Munich n'était pas ma saison préférée, surtout quand vous essayez d'enchaîner des sprints sur 100 m avec 15 cm de neige et – 10 °C), puis cours à l'université pour finir avec la musculation ou l'entraînement avec l'équipe du MRFC (Munich Rugby Football Club). En tant que capitaine de l'équipe senior, j'ai pu goûter au grand plaisir d'aider un collectif à se dépasser. Quelle joie de pouvoir partager sa motivation avec des personnes qui acceptent de la recevoir. Un leader n'est rien si le groupe n'accepte pas de se laisser entraîner. Un groupe n'est rien si les individus qui le composent ne s'autorisent pas à prendre le leadership en fonction de leurs envies, compétences et expériences.

Je ne pesais que 85 kg à l'époque. Et je savais que cela n'allait pas suffire. Ne connaissant rien à la prise de poids et à la nutrition, j'ai choisi la solution la plus évidente à mes yeux. Manger. Beaucoup. Le restaurant universitaire proposait des petits bols avec différents aliments. Je mangeais à ma faim et me forçais à engloutir un bol supplémentaire à chaque repas. Des préparations protéinées après chaque séance de musculation complétaient mon entraînement : 93 kg, c'est le poids que je faisais quelques mois plus tard quand j'ai intégré l'équipe espoir du Stade toulousain. J'étais affûté comme jamais alors que le reste de l'effectif entamait à peine la préparation physique estivale. Je n'allais peut-être pas être le meilleur joueur sur le terrain, mais je pouvais être le mieux préparé.

L'un des secrets de ma réussite a probablement été le fait que je n'ai jamais joué avec une équipe de mon âge. Dès mes quatorze ans je me suis entraîné avec l'équipe senior. J'ai intégré l'équipe nationale autrichienne à l'âge de dix-huit ans. Et je peux vous dire que les rencontres avec les équipes de l'Europe de l'Est furent particulièrement rugueuses. Quand vous ne dominez pas votre adversaire par l'intelligence de jeu et le travail d'équipe, le seul moyen de gagner, c'est de le dominer physiquement. Un peu comme dans une cour d'école. Je garde de nombreux souvenirs magiques de cette époque. Mes meilleurs matchs avec l'équipe espoirs, je les ai joués en présence de Fabien Pelous et de Xavier Garbajosa. Pourquoi ? Parce qu'ils me forcèrent, sans même m'en rendre compte, à élever mon niveau de jeu. Je me sentais libéré, tout devenait possible.

Cette capacité à élever le niveau de jeu de toute une équipe par sa simple présence est quelque chose d'assez rare. L'être humain est un animal social qui s'adapte à son environnement pour survivre. Avec le temps, j'ai remarqué que la plupart des équipes tendent à baisser leur niveau de jeu plutôt qu'à l'élever : par jalousie, concurrence, manque de communication, le collectif finit par dégoûter les plus doués et rassurer les plus fainéants. Cela peut paraître contradictoire mais une personne qui vous force à donner le meilleur de vous-même, vous l'aimez rarement. Vous pouvez même la détester. C'est avec le temps, une fois que vous prenez du recul sur votre vécu, que vous pouvez la remercier. Une personne qui n'accepte pas le travail à moitié fait vous challenge. Elle vous demande de recommencer, de changer une énième fois votre exposé. Elle vous demande d'assumer votre part « d'ombre » et de reconnaître vos failles. De mon point de vue, ce sont ces personnes qui vous respectent le plus. Quand Michael Jordan a rejoint les Chicago Bulls au début de sa carrière, l'équipe était médiocre. Elle gagnait à peine quelques matchs. Jordan, par son état d'esprit, a imposé la victoire. Il n'acceptait pas qu'un seul de ses coéquipiers puisse envisager de perdre. Cela peut vous sembler inhumain mais le résultat parle de lui-même.

Dans le sport individuel, ce phénomène est aussi bien connu. Face au numéro 1 mondial, un outsider peut gagner. Pourquoi ? Parce que le simple fait d'affronter le meilleur joueur du monde est un rêve qui se réalise. À l'inverse, quel est le défi pour le numéro 1 mondial quand il affronte le 200e joueur du classement ? Garder son niveau de jeu revient à parler une langue que l'autre ne comprend pas. « Non, je ne vais pas traduire ma langue. Si tu veux jouer avec moi, il faut que tu fasses l'effort d'apprendre la mienne. » Le message est simple. J'ai vécu des moments extraordinaires grâce au rugby. J'ai gardé des amitiés sincères en me disant : « Nous avons combattu ensemble. » Ce sont des liens forts entre hommes, que l'on ne trouve que rarement dans le milieu de l'entreprise. Malheureusement, bien trop souvent, quand le mâle est en horde, il se laisse entraîner dans ses travers les plus tristes, par peur d'accepter sa vulnérabilité et de perdre sa place de leader alpha. Laissez-moi partager avec vous trois anecdotes qui m'ont d'abord surpris, puis attristé, et enfin encouragé à assumer qui je suis aujourd'hui.

« Heil Ferdi » : *Comment saluer un Allemand pour les nuls*

J'ai toujours eu du mal avec les hommes en collectif. Malgré l'âge et la maturité qu'ils peuvent avoir, un vestiaire ressemble souvent à une cour d'école dans laquelle des adolescents essayent de prouver qu'ils ont la plus grande… gueule, force physique, virilité. Être accepté par le collectif est une question de survie. Cela vous garantit votre place dans le groupe et de nouer les alliances qui vous permettront d'oser exprimer qui vous êtes. Accepter de se faire bizuter, d'avoir des surnoms mesquins ou, pire encore, jouer un rôle discriminant afin d'avoir sa place est tout à fait normal. Malgré le fait d'y être habitué, j'ai toujours en mémoire ce jour où j'ai poussé la porte du vestiaire de l'équipe espoirs toulousaine. J'avais vingt ans.

Je suis un peu en retard, tout le monde doit déjà être arrivé. Je ne me rends pas vraiment compte que j'ai réussi à intégrer ce club mythique. On m'aurait proposé de porter l'eau en bord du terrain que j'aurais accepté avec fierté. Le couloir pour arriver au vestiaire longe celui de l'équipe professionnelle. La porte est ouverte et je regarde avec admiration le nom de mes idoles sur les casiers. Je continue jusqu'à la prochaine porte. Même si je fais partie de l'équipe, je sais que je ne suis pas comme les autres. Je suis allemand, le premier à intégrer cette équipe espoir. Je n'ai pas la culture rugbystique de mes coéquipiers. Constater que je serais prêt à faire n'importe quoi pour me faire accepter me surprend. La porte est entrouverte. Je la pousse et rentre d'un pas décidé. La moitié de l'équipe est déjà en train de se changer pour l'entraînement. Je fais semblant d'être à l'aise, surtout ne pas montrer à quel point tout m'impressionne. Le stade, les joueurs, le staff, même les sous-vêtements performants des autres me paraissent hautement professionnels. Je n'ai pas connu ça en Allemagne. Les regards souriants de deux joueurs m'accueillent. Alors que je m'attends à leur faire la bise, comme c'est la coutume en France, ils se redressent brusquement, claquent des talons et s'exclament : « Heil Ferdinand !

— Vous êtes cons », c'est tout ce que j'arrive à leur répondre. Le capitaine de l'équipe ajoute : « Ne fais pas gaffe à eux, ils sont débiles. » Je leur fais tout de même la bise, comme pour les remercier du chaleureux accueil et je pose mon sac à côté du leur. C'est la première fois qu'on me dit bonjour avec le salut nazi comme signe d'affection. Car ces deux joueurs ne sont pas méchants, ils ne me veulent aucun mal. Au contraire, ce sont des personnes que j'ai fini par beaucoup apprécier. Ils ne savent simplement pas comment dire à un homme allemand : « Bienvenue ! On ne connaît rien de l'Allemagne à part la Seconde Guerre mondiale. Et encore, la seule chose qu'on a retenue, c'est le salut nazi et *Jawohl.* On t'apprécie beaucoup et on t'accueille les bras ouverts dans notre collectif, ça ne doit pas être facile de quitter ton pays pour venir ici, où tu ne connais personne. On est là pour toi si tu as besoin de quelque chose. Et nous serions ravis d'apprendre à te connaître. »

Moi non plus je ne sais pas comment leur expliquer que l'histoire de mon pays est très lourde à porter. Que j'ai lu des dizaines de livres pour comprendre comment un peuple pouvait suivre aveuglément un leader et commettre des horreurs indéfinissables. Ils ne peuvent pas savoir que ma famille porte encore les traumatismes émotionnels de la guerre, notamment transmis par mes grands-pères, et que je n'ai jamais vraiment appris à me lier émotionnellement à d'autres hommes. La peur profonde de ma colère et de la violence que je sens en moi et qui remontent à ces mémoires intergénérationnelles m'effraye. Comment leur dire que le geste qu'ils viennent de faire me blesse mais que j'ai trop besoin de leur acceptation pour l'exprimer ouvertement ? Bientôt quinze ans plus tard, je suis toujours surpris de constater à quel point cet événement est toujours présent dans ma mémoire. Si vous vous retrouvez dans une telle situation, je vous encourage à assumer la personne sensible et engagée que vous êtes. Non pas pour démontrer à l'autre que vous êtes une meilleure personne, mais pour l'inviter à regarder au-delà des apparences. Si j'avais osé dire ce que j'avais à dire, j'aurais eu le courage de construire une relation qui va bien au-delà d'un vestiaire de rugby. Si j'avais osé ouvrir mon cœur, j'aurais peut-être pris le temps de parler de tout ça avec eux.

Si j'ai appris une chose avec les années, c'est que la vie est bien plus complexe que ce qu'il y paraît. Elle est multicouches. Plusieurs niveaux de lecture, plusieurs histoires, plusieurs dimensions sont présents dans chaque interaction. Et avec chaque réaction que nous choisissons d'avoir face à une phrase aussi anodine que « *Heil Ferdinand* », nous pouvons inviter l'autre à relever son niveau de jeu.

Ne me dites pas qu'on a besoin d'un psy ?!

Toute l'équipe est rassemblée dans la salle de réunion. C'est la crise. Nous avons perdu tous les matchs du début de la saison de Pro D2. Blagnac vient de gagner une catégorie. Le challenge est énorme. Maintenir le club en deuxième division est le seul objectif des entraîneurs. Les deux tiers de l'équipe ont été renouvelés. Le manque d'expérience du staff ainsi que l'immaturité des joueurs n'aident pas. À qui la faute ? C'est la seule question qui flotte dans l'air. Le ton monte, les accusations volent. Le recrutement a négligé la difficulté à construire une équipe quand trop de joueurs viennent de clubs qui ne s'apprécient pas particulièrement. Deux clans se sont formés. L'un accuse l'autre de ne pas s'y « filer » assez, c'est-à-dire de manquer d'engagement sur le terrain dans le vocabulaire rugbystique. J'ai signé mon premier contrat professionnel. Je ne sais plus quoi ressentir. Je suis fier et aux anges, mon rêve s'est réalisé. En même temps, je suis sur le cul. Désolé de ces termes, mais je ne sais pas comment le formuler autrement. C'est ça, le rugby professionnel ? C'est ça, des adultes qui décident de faire de leur passion un métier ?

Les insultes deviennent plus agressives. Quelques minutes plus tard, les poings volent. Plusieurs joueurs essayent de séparer les deux protagonistes. Je n'ai jamais vu ça. J'ai l'impression d'être dans un mauvais rêve. D'autant plus que j'étudie la psychologie sociale à l'université. Je ne pensais pas vivre un jour une telle situation. Sur un terrain entre adversaires, peut-être, mais certainement pas entre coéquipiers lors d'une réunion. On dirait des gamins qui se chamaillent pour savoir qui aura la plus grande part du gâteau. Sauf que ces gamins pèsent 110 kg et poussent 140 kg au développé-couché. L'intelligence émotionnelle et la capacité à gérer des conflits pour construire une équipe soudée se limitent au nombre de pintes de bière bues ensemble lors du stage de préparation d'avant-saison. C'est ahurissant. Quel gâchis.

La tension est toujours palpable. Plus personne ne parle. Maintenant ça boude. J'entends quelqu'un dire à haute voix : « Ça va pas, non, la tête ? On dirait des gamins. On est des adultes, ne me dites pas qu'on a besoin d'un psy ?! » Je suis encore choqué par ce que je viens de voir, c'est pourquoi je mets du temps à intégrer ce qu'a dit cette personne. « Oui ! ai-je envie de crier. Oui, nous avons besoin d'un psy. Et je dirais même que nous en avons besoin d'une dizaine, au moins. En plus d'un accompagnement psychologique et mental individuel, l'équipe a besoin d'un professionnel pour définir ses valeurs communes et pour comprendre quels sont les besoins, les envies et les frustrations de chacun. Nous avons besoin d'apprendre à nous connaître, pas seulement de faire des passes sur le terrain. Nous avons besoin d'apprendre à nous faire confiance afin de pouvoir compter les uns sur les autres. L'équipe est toute nouvelle, la pression est énorme. Nous avons besoin de crever les abcès et de parler de la peur de chacun de ne pas avoir sa place dans le groupe. Nous avons besoin de nous engager individuellement devant le groupe pour donner le meilleur de nous-mêmes. Nous avons besoin de nommer nos faiblesses et nos forces afin que chacun puisse s'adapter à l'autre. Bref, oui, nous avons besoin d'un psy qui nous accompagne car nous voulons découvrir qui nous sommes quand nous nous aidons à relever notre niveau de jeu. Nous avons besoin d'aide parce que, visiblement, nous ne savons pas comment y arriver tout seuls. Nous sommes peut-être des adultes mais cette équipe est comme un nouveau-né, elle vient à peine de naître. Si on ne l'accompagne pas en fonction de ses besoins, elle va crever avant même d'avoir survécu aux premiers mois. Oui, nous avons besoin d'aide parce qu'avant d'être des joueurs de rugby, nous sommes des êtres humains complexes qui n'ont jamais appris à exprimer leurs émotions dans un groupe et à apprivoiser leurs insécurités psychologiques. »

Si j'avais eu le courage d'assumer l'homme sensible et engagé que je suis, voilà ce que j'aurais aimé pouvoir dire. Malheureusement, je n'ai pas osé parler. J'ai pris sur moi et j'ai observé avec détachement comment la motivation et la cohésion fondaient de jour en jour comme la neige au soleil du printemps. Avoir le courage de nommer son ressenti et sa vulnérabilité dans un groupe est peut-être la plus belle preuve de courage et d'amour pour le collectif que je connaisse. Si j'ai beaucoup avancé sur mon besoin d'acceptation, j'ai malheureusement encore trop souvent des difficultés à me l'appliquer à moi-même. Il est tellement plus facile de trouver un coupable, de licencier l'entraîneur ou de râler dans son coin plutôt que de prendre ses responsabilités face à une situation conflictuelle. Il est tellement plus confortable de chercher en dehors plutôt que de regarder à l'intérieur de soi. L'objectif de ce récit n'est pas de stigmatiser le masculin et le féminin, ni d'attribuer de façon arbitraire des défauts et des qualités aux hommes et aux femmes. J'ai pour autant observé une difficulté pour la gent masculine à oser une introspection sincère. Celle-ci est trop souvent taboue et considérée comme une faiblesse. J'ai moi-même longtemps refusé d'ouvrir ce qui peut parfois ressembler à une boîte de pandore. Avec le temps, j'ai appris à écouter ce qui se passait en moi afin de mieux m'exprimer dans le monde extérieur. Accueillir pleinement notre humanité dans nos relations personnelles et professionnelles, et si nous avions l'audace d'y croire réellement ?

Je ne suis pas ici pour être heureux

La troisième anecdote qu'il me semble important de partager avec vous est à l'image de cette humanité que nous essayons trop souvent de nier. Être heureux, s'amuser, c'est la seule chose que l'on peut se souhaiter. Et si je n'étais pas ici pour être heureux ? Et si je jouais au rugby pour exprimer ma violence, ma colère et ma haine dans un cadre qui me sécurise sans pour autant nier ce ressenti ? Et si la seule chose que je voulais vivre sur un terrain était de me faire mal et de faire mal à l'autre ? Suis-je pour autant un être humain ? Suis-je quelqu'un de mauvais ?

Jamais je n'aurais cru qu'une consigne aussi positive d'un entraîneur allait pouvoir me démotiver autant. « La seule chose que je vous demande sur le terrain, c'est de prendre du plaisir. » Quelle magnifique consigne ! Malheureusement, je ne savais pas quoi en faire. Je n'étais pas là pour ça. Sans même que je le sache, le rugby me permettait d'exprimer de façon « légale » l'émotion la plus taboue dans notre société : la colère. Elle est d'autant plus complexe qu'elle peut rapidement se transformer en rage et avoir des conséquences violentes pour soi et pour autrui. Plus j'étais violent dans les impacts physiques, plus je jouais avec la limite et plus je gagnais l'admiration de mes pairs. Je ne suis pas fier des blessures que j'ai pu provoquer, notamment chez les adversaires. J'en ai même honte car quelques-unes sont la conséquence d'une limite que j'ai franchie. Je ne savais pas comment répondre à la demande de l'entraîneur. Il ne savait pas que je fonctionnais ainsi. Moi-même, je n'en avais pas conscience. D'ailleurs, le jour où j'ai mis des mots sur cette pulsion destructrice qui était présente en moi, j'ai arrêté le rugby. Le jour où j'ai nommé ce qui au fond me faisait tant souffrir, je ne pouvais plus continuer. Il fallait que je change. Il fallait que je trouve une autre façon d'avoir ma place et d'être respecté par mes coéquipiers.

« Je sais que le manque d'estime que tu as envers toi s'exprime sous forme de comportement autodestructeur. Sur le terrain, tu projettes sur ton adversaire ce dégoût envers l'homme que tu es. C'est ce qui te rend aussi fort en défense. N'essaye pas de te juger pour ce que tu es, c'est OK d'être motivé par cette violence. Exprime-la dans le cadre des règles du jeu. Je vais t'accompagner pour l'explorer et l'apprivoiser. Je vais aussi, si tu le veux bien, t'apprendre à porter un regard un peu plus bienveillant sur qui tu es. Si tu l'acceptes, je vais te montrer qu'on peut s'amuser autrement sur un terrain. N'aie pas peur d'être moins viril ou performant si tu fais la paix avec toi-même. Tu apprendras simplement à jouer, plutôt que d'aller au combat. Si la guerre te donne l'impression d'être en vie, alors laisse-moi te montrer l'homme que tu peux être si tu t'autorises à incarner l'amour du jeu. » Je pense que ce type de discours aurait changé ma vie. Relever mon niveau de jeu, c'est aussi accepter que l'autre me fasse découvrir une part de moi-même que j'ignore encore. Accueillir sa vérité, même si elle nous semble inhumaine, mauvaise ou, pire encore, si elle est la première étape pour arrêter de se battre contre soi-même.

Si vous connaissez quelqu'un qui souhaite vous faire découvrir une autre facette de votre personnalité, je ne peux que vous inviter à laisser cette personne vous sortir de votre zone de confiance. Qui est cette personne que vous méprisez et que vous incarnez encore ? Qui est-ce que vous aimeriez être sans avoir la moindre idée de comment le devenir ? Qu'est-ce que vous pourriez lui dire afin qu'il accepte inconditionnellement la personne qu'il n'aime pas être ? Je serais curieux de connaître vos réponses à ces trois questions.

Relever son niveau de jeu, s'encourager et se soutenir, s'aider à se relever sans avoir peur de perdre la course, se réjouir de la beauté de l'autre sans se sentir mis en danger, voilà des valeurs qui me réjouissent aujourd'hui dans un collectif. Dans le sport, ce sont ces moments bien trop rares qui sont souvent célébrés par les médias. Non pas parce qu'ils nous invitent à relever notre performance mais parce qu'ils nous rappellent notre humanité la plus touchante. Au final, une performance, que ce soit en entreprise ou dans le sport, n'est qu'un jeu. Nous prenons les règles incroyablement au sérieux, nous essayons de nous convaincre que notre vie en dépend. Mais finalement nous serions tous d'accord pour dire qu'un sourire, une main tendue, une étreinte chaleureuse ou un repas partagé avec les personnes que l'on aime sont bien plus importants. Serait-ce ce que nous sommes actuellement en train de comprendre ? Quand on vous enlève toutes ces petites choses qui nourrissent votre âme, sans même que vous vous en rendiez compte au quotidien, vous prenez enfin conscience du point auquel elles vous manquent. Vous prenez conscience que vous relever ensemble, après avoir mis un genou à terre, est bien plus important que relever son niveau de jeu pour défier l'adversaire. La crise sanitaire nous fait comprendre une chose très importante que la société consumériste a essayé de nier : face à la vie, il n'y a pas d'adversaire. Face à la vie, nous sommes tous des êtres humains qui avons besoin les uns des autres pour vivre et garder le sourire.

En étant à la fois leader (en tant que membre de l'équipe nationale autrichienne, j'étais le seul professionnel de rugby autrichien) et outsider (en tant que premier Allemand à jouer au Stade toulousain), j'ai eu la chance de vivre les deux côtés de la médaille. Quel que soit le projet que je réalise aujourd'hui, cela m'aura appris une chose : l'équipe fait toute la différence. C'est parce que vous êtes entouré de personnes qui vous invitent à élever votre niveau de jeu, sans même que vous vous en rendiez compte, que votre projet sera un succès. Si, chaque jour, vous avez l'impression de vous aimer un peu plus en observant comment vous vous comportez en présence d'un collaborateur, alors vous êtes sur la bonne voie. Ne cherchez pas le métier de vos rêves, cherchez l'écosystème qui vous donnera le sentiment d'être accepté comme vous êtes et qui vous aide à accueillir la complexité de votre être.

Je peux vous donner un exemple très récent : ce livre, j'essaye de l'écrire depuis plusieurs années maintenant. Des dizaines de pages sont enregistrées sur une multitude de disques durs. Jamais je n'avais réussi à concrétiser ce projet. Trop complexe, pas assez de temps, trop d'idées à la fois, je ne sais pas exactement ce qui a bloqué. Ce que je sais, c'est que depuis que j'ai parlé de l'idée à mon ami Julien Vidal, les choses se sont mises en place, tout naturellement. Son énergie m'a permis de formuler un plan, une vision, et d'assembler le puzzle que j'avais sous les yeux. Il aura fallu une conversation de trente minutes au téléphone pour que Julien arrive à me convaincre que ce que j'allais écrire avait de la valeur et pouvait aider de nombreuses personnes. L'amour et la bienveillance avec lesquels il a accueilli mes doutes m'ont permis de mettre de côté mon manque d'estime personnelle pour quelque temps. Merci Julien, grâce à toi j'ai réussi à exprimer une part de moi-même que je gardais enfouie. Quel magnifique cadeau !

Si vous souhaitez découvrir Julien Vidal, je vous invite à lire son livre *Ça commence par moi*[1].

Vous pouvez aussi commander directement l'ouvrage sur ce site qui soutient les librairies indépendantes

1. Julien Vidal, *Ça commence par moi*, Paris, Seuil, 2018.

Les défis que nous allons devoir relever en tant que société sont immenses, et nous n'allons pas y arriver seuls. Trop souvent ceux qui innovent sont mis à l'écart, critiqués, qualifiés de rêveur ou d'utopistes alors que les « anciens » refusent d'écouter les jeunes générations par peur de tout perdre. Si nous avons besoin d'une chose pour réussir cette renaissance collective, c'est de nous entraider pour croire en nos capacités et pour dépasser nos croyances limitantes. Nous allons avoir besoin les uns des autres pour dire adieu au confort de la surconsommation et de la liberté irresponsable. Accepter de poser les armes plutôt que de continuer le combat est particulièrement difficile si chacune de vos cellules a l'habitude d'être un guerrier. Nous allons avoir besoin les uns des autres pour accueillir la perte de sens, le doute et l'effrayante incertitude du vide que créera la fin de la société que nous avons construite. Si paradoxalement je ne me sentais pas un peu plus libre et joyeux au fur et à mesure que j'ai entrepris ce voyage, je ne me permettrais pas de vous parler ainsi. Le processus alchimique qui nous reconnecte à notre essence nécessite de chauffer la matière, d'allumer le feu et de faire rougir le fer. Sans ces émotions parfois intenses, nous n'allons pas réussir à enlever les pansements qui recouvrent nos blessures individuelles, collectives et transpersonnelles. Pour guérir les plaies que nous avons infligées à notre Terre, nous avons besoin de renoncer à ce qui paraît indispensable à la plupart des entreprises constituant notre fierté : la performance.

entracte

Nous allons aborder un passage crucial de notre cheminement : l'engagement concret pour créer un monde plus respectueux du vivant. Et pour cela, vous et moi, nous avons besoin de prendre un peu de recul, de nous asseoir sur le bord de la route pour décider de la direction que nous avons envie de prendre ensemble. La question n'est pas de savoir qui a raison ou qui a tort. Je me permets de vous poser de nombreuses questions parce que je pense que notre société patriarcale fonce droit dans un mur et que repeindre les murs en vert ne suffira pas pour changer les choses. Ce n'est pas parce que nous parlons tout d'un coup d'énergie « verte » et de développement « durable » que nous prenons réellement soin de notre planète. Nous avons besoin, individuellement et collectivement, de nous questionner sur la valeur que nous donnons à notre vie et à celle des autres. Nous avons besoin de nous demander pour quoi, ou pour qui, nous voulons nous engager. Nous avons besoin de reprendre notre pouvoir pour changer les choses à notre échelle. Non pas pour, à notre tour, imposer une vision du monde à l'autre, mais pour comprendre que nous sommes les maîtres de notre propre destin.

Nous avons besoin de celles et ceux qui continuent à se battre pour les droits du féminin dans un système qui a été construit par des hommes pour des hommes. Nous avons autant besoin de redéfinir le masculin et la place que nous lui donnons pour laisser s'épanouir un système qui intègre une danse amoureuse entre les deux énergies. J'ai moi-même osé prendre la main d'une personne qui aura radicalement changé ma vie, ma compagne, Ilia Renon. C'est elle qui m'a tendu un livre sur la symbolique des blessures physiques. C'est elle qui est tombée amoureuse du guerrier tout en acceptant sa sensibilité et sa vulnérabilité cachée. C'est grâce à son courage de ne jamais se pervertir afin de rentrer dans le moule d'une quelconque institution que j'ai osé choisir un chemin plus libre. Encore aujourd'hui, ce chemin n'est pas le plus agréable. Il me demande de la persévérance et me force à développer ce que j'aime appeler la foi en la vie. Se quitter pour se retrouver fait autant partie de notre relation que la capacité à s'écouter sincèrement et à partager notre ressenti. C'est avec beaucoup de bienveillance et de fermeté que ma compagne m'a accompagné sur ce chemin. Les chapitres suivants sont un essai sincère, parfois maladroit, parfois imparfait, pour mettre en mots l'homme que je suis en train de devenir.

**Nous avons besoin
de celles et ceux
qui continuent à se battre
pour les droits du féminin
dans un système
qui a été construit
par des hommes
pour des hommes.**

@ferdinandrichter

Vivre une renaissance personnelle et/ou professionnelle, apprendre à se réinventer n'est pas une simple balade du dimanche. Le doute, les angoisses, les frustrations font partie de l'équation. La joie, les éclats de rire, aussi ! Et c'est en trouvant un ou une partenaire adapté que les choses deviennent particulièrement appréciables. Si vous ne l'avez pas encore fait, je vous invite donc à demander à un ami, un collègue (pourquoi pas un inconnu rencontré dans le cadre d'une formation ou d'un stage) de vivre cette expérience avec vous. Le protocole de coaching situé à la fin de ce livre prend tout son sens si vous l'expérimentez à deux. L'un est responsable du cadre bienveillant, l'autre s'engage à répondre de façon sincère aux questions posées. Prenez une heure ou deux par mois et voyez ce qui se passe.

étape 3

RÉENGAGER EN CONSCIENCE

*Ne pas s'engager dans quoi que ce soit
est la pire de toutes les transgressions.*

Jordan B. Peterson[1]

La vie n'a pas de valeur. Elle n'a pas de prix. Cependant, afin de pouvoir vivre en société, nous avons besoin de donner une valeur aux choses, de définir les comportements, les façons de faire qui sont souhaités et ceux qui sont à prohiber. Ce sont ces valeurs qui nous permettent de construire des relations qui durent, de choisir en conscience quelle partie de notre complexité nous voulons exprimer et partager avec l'autre. Je suis persuadé que nous allons devoir remettre en question certaines d'entre elles, ou du moins les appliquer réellement à l'organisation de nos collectifs. La liberté est un exemple intéressant. Si celle-ci est synonyme de « Je fais ce que je veux, quand je veux, où je veux dans le monde », nous allons certainement continuer à surexploiter nos écosystèmes. Dans un monde limité, quelles formes de liberté allons-nous devoir abandonner, et pour lesquelles allons-nous devoir nous engager avec

1. www.youtube.com/watch?v=CrvYTq3O2Fk.

toute notre âme ? Une fois qu'on a ouvert les yeux sur certaines choses, il est pratiquement impossible de les refermer. Si j'ai mis du temps à intégrer mes différentes ouvertures de consciences lors des initiations chamaniques, j'ai appris que seuls l'action et le mouvement pouvaient m'aider à me reconstruire. À un moment donné, il faut se relever, prendre son bâton de marche et oser faire un premier pas dans une direction qui semble plus juste. Cela ne veut pas dire que c'est la bonne. Elle peut changer en cours de route. Mais c'est le seul moyen pour se confronter à nouveau au monde et aux autres, pour décider concrètement quel homme on souhaite devenir.

Ce chapitre est donc avant tout un encouragement à passer à l'action, à oser prendre un chemin, juste parce qu'il nous semble meilleur que l'autoroute que l'on vient de quitter. Les quelques exemples qui suivent sont une invitation à l'aventure, à dépasser vos limites et à explorer tout ce que la vie peut vous réserver. Il ne s'agit en aucun cas de suivre cette même voie, mais de tracer la vôtre.

À mon retour du Mexique, le plus difficile a été d'avoir l'impression qu'il n'y avait pas d'alternative au système en place. Où que je regardais, dans l'éducation, l'entreprise, le sport, la politique bien sûr, le même schéma se répétait encore et encore :

une organisation pyramidale qui crée volontairement de la concurrence et de la compétition entre les individus ; la monoculture qui cherche à optimiser le rendement d'une même espèce en éliminant tous les « nuisibles ». Ce modèle étouffe la créativité, opprime la diversité et exploite la vulnérabilité. Le seul rêve à réaliser est celui d'être le plus fort, le plus beau, celui qui a battu tout le monde pour se retrouver seul en haut de la pyramide. Il devait y avoir un autre chemin, une autre façon d'être un homme.

Malgré tous mes efforts, je ne peux plus vous dire comment je suis tombé sur ce qui m'a aidé à remettre les morceaux du puzzle en place. Je sais uniquement que mes premières lectures sur le sujet agissaient comme de l'eau qu'on verse sur une éponge asséchée. Chaque goutte, chaque nouveau principe me donnaient l'impression de retrouver ma respiration. La permaculture a été l'une de mes plus belles découvertes. Il s'agit de bien plus que de jardinage : c'est une philosophie qui secoue profondément l'organisation pyramidale et patriarcale que notre société essaye de nous inculquer depuis le plus jeune âge. Ce n'est peut-être pas par hasard que « Je permaculture » peut aussi s'écrire « Je perds ma culture ».

Remettre les mains dans la terre

Il n'y a pas de définition unique ou officielle
de cette notion de permaculture
et cela en révèle certainement de sa beauté,
car comme tout organisme vivant,
elle évolue et se transforme.

Constance Laroche[1]

À l'origine, la permaculture est avant tout une méthode et une philosophie pour désigner des jardins et projets agricoles. Deux Australiens, David Holmgren et Bill Mollison, ont inventé ce terme qui signifie en anglais *perma(nent) (agri) culture* (agriculture durable). Cette approche repose sur trois piliers qui sont « Prendre soin de la Terre », « Prendre soin de l'humain » et « Partager l'abondance équitablement ». Les fondateurs en ont déduit douze principes pour mettre en place des designs de permaculture. Leur éthique s'oppose radicalement à l'agriculture industrielle qui cherche à « exploiter » au maximum les ressources disponibles, et à produire le plus possible d'un même être vivant, donnant lieu à des monocultures, plutôt que de prendre soin des écosystèmes. Sans vouloir trop rentrer dans les détails, celles-ci appauvrissent les sols, créent de la concurrence entre les plantes et sont extrêmement vulnérables quant aux maladies et changements climatiques. Elles permettent en revanche

1. Constance Laroche, *L'entreprise fertile*, Éditions Reverse, 2020.

de produire en grande quantité, même si la qualité est moindre.

Partant de ce constat, la permaculture s'inspire des forêts pour créer des écosystèmes résilients avec une grande diversité de plantes et d'animaux. Cette multitude d'êtres vivants engendre des associations bénéfiques, favorise l'entraide et, le plus important, ne détruit pas mais crée un cycle vertueux qui permet de travailler moins pour récolter plus. Par définition, un permaculteur est paresseux. Il cherche constamment à gagner du temps en demandant à une plante ou à un animal de faire ce qu'une machine pourrait apporter. Plus besoin de labourer le sol quand les vers de terre et les plantes font tout le travail.

Si la permaculture vous intéresse et que vous souhaitez en savoir plus, je vous invite à découvrir les vidéos « Introduction à la permaculture » sur ma chaîne YouTube

Voici une courte présentation des principes de la permaculture

Les stages en permaculture que j'ai réalisés avec Steve Read en Ardèche, et ensuite avec Sepp Holzer en Autriche, m'ont appris énormément de choses : des connaissances pratiques et théoriques sur la gestion de l'eau, les écosystèmes, la résilience du vivant, ainsi qu'une toute nouvelle façon de réaliser des projets en collectif. Ce qui m'a le plus marqué est l'état d'esprit avec lequel ces hommes partageaient leur savoir : il n'y avait pas de problèmes ; le problème est la solution, il suffit de réveiller sa créativité et de jouer avec les règles du jeu. Ainsi, une interdiction par le maire du village de creuser une mare pour récupérer l'eau de pluie se transforme en autorisation de mettre en place un bassin d'urgence pour éteindre un éventuel feu. Il aura suffi d'une question pour changer la perception des choses : « Combien de temps faut-il à vos pompiers pour venir chez moi éteindre le feu si jamais ma maison brûle ? » On y ajoute : « Si jamais ils ne viennent pas à temps, je vous tiendrai personnellement responsable », et c'est tout ce qu'il aura fallu à Sepp Holzer pour autoriser la « mare » à incendie. Merveilleux !

Je vous laisse découvrir par vous-même ce « rebelle agroécologique d'Autriche »

Avec la découverte de la permaculture, j'ai eu l'impression de revivre et de trouver toutes les briques qu'il me fallait pour reconstruire ma vie. Oui, je voulais prendre soin de moi-même et de la Terre plutôt que l'exploiter. Apprendre à régénérer les écosystèmes et me réjouir de la générosité de la nature me sont apparus comme une évidence. J'en avais assez de prouver ma valeur par l'atteinte de je ne sais quel objectif. Recréer du lien dans le sol, mais aussi entre les hommes, encourager des écosystèmes interdépendants et libres et non pas créer des addictions et des dépendances néfastes, est bien plus important que de diviser pour mieux régner.

J'ai beaucoup de gratitude envers mes parents qui ont fait le choix d'investir dans une toute petite ferme dans le Gers il y a trente-cinq ans. J'y ai passé un an, à tester les différentes notions que je venais d'apprendre, ce qui m'a permis d'incarner ces principes et de faire le lien avec la gestion de projet, l'entreprenariat et le leadership.

Voici un petit extrait de ce que j'ai pu mettre en place dans mon jardin

Au fond, même si j'y ai cru pendant quelques mois, je ne suis pas maraîcher, je ne suis pas agriculteur et j'aurais certainement beaucoup de difficultés à gérer complètement une ferme en permaculture. Il est important de retenir que cette philosophie peut s'appliquer dans tous les domaines de notre vie. Elle propose une réelle alternative au modèle dominant : là où je ne voyais pas d'issue, j'ai trouvé un chemin magnifique bordé de fleurs, traversant des forêts comestibles et qui donne une place au sauvage et à l'imprévu. Certes, cela prend un peu plus de temps, il est plus rapide de prendre l'autoroute, mais, au moins, on n'aura pas le sentiment d'être passé à côté de ce merveilleux chemin qu'est la vie.

Comme à mon habitude, je m'étais complètement investi dans ce projet, convaincu que j'allais devenir maraîcher dans le Gers. Les choses ne devaient pas se passer ainsi. J'étais installé dans la ferme familiale depuis six mois, quand j'ai signé, en l'espace d'une semaine, pour rejoindre l'équipe d'une entreprise surprenante : Ecosia, le moteur de recherche qui plante des arbres. Cette start-up berlinoise appliquait, sans le savoir, l'un des principes clés de la permaculture : partager l'abondance avec ceux qui en ont le plus besoin. Quand vous arrêtez de chercher et que vous vous laissez guider, vous trouvez des trésors que jamais vous n'auriez pu imaginer. Si vous m'aviez dit que j'allais travailler pour un moteur de recherche concurrent de Google, qui utilise 80 % de ses bénéfices pour financer des projets de reforestation dans le monde, jamais je ne vous aurais cru. Et pourtant, c'est exactement ce qui s'est passé pour moi.

Pourquoi quitter mon petit havre de paix gersois ? Parce que j'avais cette forte envie de découvrir si les principes de la permaculture pouvaient être mis en place dans une entreprise. Fini les rêveries et les voyages chamaniques. J'avais besoin de voir si ces enseignements, ces bonnes paroles, pouvaient vraiment fonctionner dans une structure autre qu'un jardin. Malgré le modèle économique traditionnel, une entreprise peut-elle survivre si elle travaille avec la nature et non contre elle ? Un modèle ne planifiant pas tous ses gestes et laissant de la place aux rencontres, aux synchronicités et aux projets qui font uniquement sens une fois qu'ils commencent à prendre forme peut-il réellement marcher ? Comment réagit votre chef si vous lui dites : « Je ne peux pas te dire combien cela va rapporter. Mais je peux prendre soin de cette relation parce qu'elle semble vouloir pousser. Faisons confiance. Fonctionnons en symbiose. Elle peut nous nourrir autant que nous la nourrissons. » Je m'apprêtais à le découvrir.

Souvent j'entends des clients me demander : « Mais quel métier dois-je faire ? » Avant de vous poser cette question, je vous invite à vous interroger sur l'éthique que vous voulez mettre en place et surtout sur la manière dont vous pensez pouvoir l'appliquer au quotidien, quelle que soit l'activité professionnelle que vous choisissez. Passer d'une éthique de performance à une éthique permacole, du « exploiter les ressources » au « prendre soin d'un écosystème », dire au revoir au guerrier dominant et conquérant pour devenir le gardien de mon jardin, ma transformation pourrait se résumer ainsi. Comment décririez-vous la vôtre ?

Ce n'est clairement pas la seule solution mais la permaculture m'a montré un chemin qui me semble en cohérence avec les urgences climatiques et sociales de notre monde actuel. C'est pourquoi je souhaite partager avec vous les enseignements que je tire de quatre ans d'application des principes de la permaculture à mon activité professionnelle. Management, communication, marketing – je me suis permis de questionner l'ensemble de mes activités pour travailler avec la nature (dans mon cas, la nature humaine) et non pas contre elle.

Je vous recommande les stages que Steve Read propose en Ardèche. Le lieu est magnifique et Steve, au-delà de ses nombreuses connaissances théoriques, incarne la philosophie de vie de la permaculture

Je vous conseille la lecture de ces livres pour commencer. Jérôme Boisneau est un voisin gersois qui a abandonné son métier bien payé pour se reconvertir comme maraîcher permaculteur. Julie Bernier, mieux connue sous son pseudo Instagram « Sortez tout vert », a réalisé un travail remarquable en publiant son manuel de permaculture après son premier best-seller sur le zéro déchet.

Procurez-vous ces ouvrages sur la permaculture ici

Sachez que malgré mon enthousiasme et mes prises de conscience, je n'avais pas les formations nécessaires ni l'expérience pour assumer les responsabilités qu'on allait me confier. Après plusieurs mois passés à vouloir devenir maraîcher, je sentais qu'une autre partie de moi voulait s'exprimer. Assis seul dans mon jardin, j'avais l'impression de devoir retourner dans le vif du sujet, de m'engager davantage dans la construction du monde de demain et d'assumer ma sensibilité retrouvée à l'extérieur de ma zone de confort. J'étais surtout convaincu que la permaculture pouvait s'appliquer à bien plus de domaines que le simple jardinage.

J'avais la conviction profonde que si la vie me proposait ces expériences, c'est que j'avais en moi les capacités de les vivre pleinement. On n'a pas besoin d'avoir tout planifié pour se lancer dans une aventure. Les choses se mettent en place une fois que l'on se met en mouvement. Parfois, les plus belles expériences peuvent arriver quand on ose plonger en confiance, sans pour autant se mettre en danger.

Rejoindre une cause

Sans planter d'arbres, nous ne pourrons pas survivre à l'effondrement climatique.
Christian Kroll[1]

Le jour où j'ai découvert Ecosia, j'ai été bluffé par la simplicité du concept. Cette entreprise génère de l'argent grâce aux revenus publicitaires du moteur de recherche et reverse 80 % de ses bénéfices à des projets de reforestation. Quelle idée de génie ! Tellement simple. Tellement évident. Et pourtant tellement inhabituel dans un monde qui engraisse uniquement les actionnaires. À ma connaissance, il n'existe pas d'autre entreprise au monde qui applique autant à la lettre l'un des principes fondamentaux de la permaculture : partager l'abondance. En plus de cela, cet outil permet d'être en contact quotidiennement avec des millions de personnes et de leur proposer des alternatives aux produits de (sur)consommation.

En outre, cette start-up n'essaye pas de construire ses propres serveurs mais utilise les résultats de recherche de Bing (Microsoft). Cela peut être vu

1. Meunier Lucile, Laurent Annabelle, « Sans planter d'arbres, nous ne pourrons pas survivre à l'effondrement climatique », Usbek&Rica, 2019.

comme un point négatif pour ceux qui agissent contre les géants d'Internet. De mon point de vue, c'est encore un principe de la permaculture important : réutiliser et recycler l'existant plutôt que créer du nouveau. Pourquoi créer des milliers de serveurs énergivores partout dans le monde si on peut utiliser ceux qui existent déjà en changeant leur raison d'être ? En tant que responsable d'Ecosia France, j'ai rencontré des dizaines de jeunes qui souhaitent « avoir un impact », « changer le monde » et « créer un mouvement ». Je leur réponds souvent : « Qu'est-ce qui vous fait croire que le mouvement a besoin d'être créé ? Qu'est-ce qui vous fait croire qu'il n'est pas déjà présent et qu'il suffit de l'amplifier ou simplement de le suivre ? » À force de vouloir faire naître quelque chose, on ne voit plus tout ce qui est déjà en train de pousser. Avant de labourer son jardin pour créer des buttes de permaculture, observez ce qui pousse naturellement dans votre écosystème.

Je ne peux que vous encourager à rejoindre une cause qui vous tient à cœur, le plus important n'étant pas de trouver le métier qui vous rendra heureux mais de vous rapprocher le plus possible des personnes qui s'engagent dans le domaine qui vous intéresse. Accepter de redémarrer en bas de l'échelle (et voir son salaire divisé par dix) peut en faire partie. Malgré mon enthousiasme, une

**Dans l'idéal, l'arrêt
de la surconsommation
résultera d'un changement
de vision du monde.
Il sera la conséquence
d'un changement
du niveau de conscience.**

@ferdinandrichter

question complexe m'a accompagné toutes ces années : c'est parce que vous achetez des produits sur Internet qu'un moteur de recherche peut fonctionner. Ne faudrait-il pas plutôt envisager un monde sans publicité ? Ne faudrait-il pas simplement mettre fin à toute cette consommation ? Probablement. La réponse radicale est assez simple. Oui, il faut arrêter. Il faut réduire et ralentir. L'application de ces notions à notre société complexe est beaucoup moins évidente. Tout arrêter d'un coup reviendrait à plonger des millions de personnes dans l'insécurité la plus totale. Dans l'idéal, l'arrêt de la surconsommation résultera d'un changement de vision du monde. Il sera la conséquence d'un changement du niveau de conscience.

Mon positionnement actuel est le suivant : tous les projets de permaculture que j'ai découverts, même les plus extrêmes, qui préparent un monde après-pétrole, utilisent certains outils indispensables au quotidien : une perceuse électrique, une tronçonneuse et Internet (le plus souvent un moteur de recherche et YouTube). Je suis persuadé que beaucoup d'outils technologiques n'ont aucune utilité et devraient disparaître. Les moteurs de recherche n'en font, à ce jour, pas partie.

Au-delà du fait de rendre plus connu le moteur de recherche en lui-même, mon métier a principalement consisté à éveiller les consciences – du moins, c'est ce que je me suis donné comme mission. Je me rappelle encore bien les premiers jours. Je m'imaginais que la France était un magnifique jardin avec un peu trop de monocultures à mon goût. Il suffisait donc de trouver tous les petits coquelicots qui poussaient par-ci par-là, tout en se demandant comment on pouvait les aider. Si Ecosia devait aider à construire un monde plus respectueux du vivant, pourquoi pas commencer par soutenir ceux qui le faisaient déjà ? C'est ainsi que j'ai mis en place la stratégie de développement en France. Je n'avais pas d'objectif à atteindre, pas de performance à réaliser. J'avais une intention : faire confiance au mouvement qui prenait de l'ampleur en France (à l'image du film *Demain* réalisé par Cyril Dion et Mélanie Laurent) et le soutenir au maximum. L'utilisation de ce moteur de recherche par ceux qui veulent changer le monde n'était pas une finalité en soi. Tel un champ de monoculture qui a besoin de se régénérer et de retrouver la vie dans le sol, j'avais comme priorité de créer du lien, de soutenir, d'encourager, de « donner de la visibilité à ». Car la nature est bien faite. Si vous prenez soin d'un écosystème, il crée de l'abondance.

Je différencie ainsi la notion de performance de celle d'abondance. La première exploite au maximum les ressources pour produire quelque chose qui est plus grand, plus beau, moins cher que ce que produit la concurrence. La seconde est la résultante d'un écosystème en bonne santé qui offre une grande diversité de produits nourrissants, savoureux et uniques. L'objectif chiffré à atteindre n'est pas une obsession. D'une certaine façon, on accepte qu'on ne peut pas maîtriser la vie. Si vous définissez plutôt une intention, prendre soin par exemple, et que vous essayez de l'appliquer au quotidien, quel que soit le but que vous avez défini, vous aurez le sentiment profond d'avoir donné le meilleur de vous-même.

Quand j'ai commencé cette mission, Ecosia comptait environ 300 000 utilisateurs en France. Actuellement, nous sommes plus de 4 millions. J'ai beaucoup de gratitude pour tous ceux qui croient en ce projet, tout simplement parce qu'avec chaque personne qui participe à cette aventure, mes doutes quant à la possibilité d'appliquer la permaculture à d'autres domaines s'effacent. Le plus beau dans cette expérience, c'est que la vie semble avoir une seule volonté, celle de vous surprendre, n'est-ce pas merveilleux ? Si l'on accepte de mourir de ce qu'on croit être et qu'on accepte de ne pas planifier à la virgule près son avenir, ce n'est plus votre ego qui est aux commandes, mais la vie qui s'exprime à travers vous. Ce sentiment est d'une saveur extraordinaire. C'est la raison pour laquelle je ne travaille plus avec des objectifs dans le cadre de mon activité de coach. L'intention est bien plus importante à mon sens. Apprendre à se connaître afin de créer ou de trouver un écosystème qui nous fait naturellement du bien est à la fois facile à comprendre et parfois difficile à mettre en place.

J'ai choisi deux projets dont j'aimerais vous parler, qui sont à l'image de cette philosophie de vie. Je n'aurais jamais pu les prévoir. J'ai simplement saisi les opportunités qui se présentaient et j'ai osé faire confiance.

Repousser ses limites

Mon point fort, c'est ma tête.

Teddy Rimer[1]

Le 1er juin 2019, j'ai eu l'opportunité de parler pendant deux minutes trente devant plus de 20 000 personnes sur la scène principale du festival de musique We Love Green à Paris. Partager un message avec autant de personnes a été un vrai privilège. Mais au final, ce n'est pas la taille du public qui compte. Nous sommes amenés à partager notre sensibilité et notre façon de voir le monde dans de nombreux contextes. Lors d'un repas familial, d'une réunion d'équipe, d'un entretien d'embauche, d'une interview pour un journal

1. Teddy Rimer, *Envoyé spécial*, France 2, 23/11/2017.

local, d'une présentation devant des élus, les occasions ne manquent pas. Notre monde a besoin de personnes qui s'expriment sincèrement sans chercher à convaincre à tout prix.

Longtemps mes prises de parole se sont limitées à des discours d'avant match pour motiver les troupes. Jamais je n'avais cru un jour m'exprimer devant autant de personnes. Quel message de trois minutes est assez important pour que je veuille le partager avec 20 000 personnes ? Cette question difficile a été le départ de ma réflexion.

Si vous voulez revivre avec moi ce moment,
je vous invite à regarder la vidéo suivante

La vie m'a proposé cette opportunité et j'ai dit « oui ». À votre tour d'oser ce simple mot qui peut changer le cours des choses. Vous avez un message unique à partager, n'en doutez pas !

Le discours de votre vie

Si vous deviez partager avec des dizaines de milliers de personnes un message qui vous tient à cœur en trois minutes, que leur diriez-vous ? Voici en quelques points comment je me prépare pour un tel événement. Prenez une feuille et un crayon et laissez votre cœur s'exprimer. Si vous en ressentez l'envie, je vous invite à prendre votre téléphone, à vous filmer et à partager votre discours sur Instagram en taguant mon nom.

Faire le vide et être à l'écoute.
Je ne prévois pas une heure précise dans mon agenda pour être créatif. Je ne cherche pas à forcer cette graine à germer. Au contraire, je m'autorise des moments de vide intérieur en fermant les yeux et en observant mes pensées. C'est une forme de méditation. Cela peut aussi se faire juste avant de m'endormir, ou le matin, avant de me réveiller complètement. Souvent rien de particulier ne se passe et puis un jour, sans savoir pourquoi et à quel moment exactement, le discours me vient entièrement à l'esprit.

Modeler et répéter le discours.
Cette deuxième étape est très importante. Chaque mot a une fréquence, une certaine énergie que l'on partage avec le public. En fonction de l'état

physique, émotionnel, mental et spirituel des personnes présentes, on peut utiliser un mot différent pour formuler une même idée. Les mots ont une puissance surprenante. Certains peuvent finir par un engagement à vie, d'autres peuvent déclencher une guerre. C'est pourquoi ce n'est pas ma tête qui doit décider mais mon cœur. Quand je « rêve » le discours, je « ressens » le discours. Suis-je enthousiaste, excité, en colère, triste, enjoué, ou même tout à la fois ? Dans quelle énergie me mettent les mots ? Est-ce que l'émotion que je ressens me semble juste ?

Se visualiser sur scène et mettre en mouvement le discours.
Lorsque le discours commence à prendre forme, je visualise la scène sur laquelle je vais intervenir. Si je peux, je regarde des photos ou des vidéos de l'endroit où aura lieu l'événement. L'énergie du lieu me permet d'adapter au mieux le discours. Est-ce un contexte festif, sérieux, humoristique, intime, familial ? L'avantage du festival We Love Green était que tout l'événement avait été filmé l'année précédente. Je pouvais donc facilement visualiser la scène, la foule, le bois qui entoure le lieu. Je pouvais intégrer l'écosystème dans le discours et l'ancrer dans le présent. Cette étape me permet surtout d'imaginer comment je vais occuper la scène. Comment je me sens si je rentre

en courant ? En marchant ? Si je me tiens droit devant le public ou bien si je marche de gauche à droite ? Autant de possibilités que j'essaye de « vivre » avant de les avoir vécues. C'est comme un casse-tête, on essaye de nombreuses possibilités pour trouver celle qui fonctionnera le mieux.

Lâcher prise et vivre le moment présent.
Le plus difficile quand on prépare une intervention pendant plusieurs semaines est de vivre le moment présent quand ce dernier finit par arriver. Pour moi, il ne s'agit jamais de réciter simplement un discours, mais d'être le plus possible en connexion avec l'environnement et le public afin de laisser mon inconscient choisir les meilleures phrases et les mots les plus appropriés parmi tous ceux que j'ai pu envisager d'utiliser. C'est toute la différence avec une performance qui ne chercherait qu'à répéter encore et encore le même discours. Je ne cherche pas (plus) à être performant. Je veux vivre ma présence. Ce lâcher-prise demande d'accepter de ne pas dire certaines phrases, d'oublier certains passages qui nous tenaient pourtant à cœur. Ce n'est pas grave. Il s'agit même exactement de ce qu'il doit se passer. Dans le moment présent, le mental ne décide plus. Notre corps, notre bouche, notre esprit prennent le contrôle de la situation et nous permettent d'exprimer les paroles qui seront le plus adaptées à la situation.

Refaire le match, apprendre et passer à autre chose.
Lors des jours qui suivent un tel discours, mon mental ne peut s'empêcher de revivre encore et encore ce moment. Je reçois de nombreux feedback des gens qui ont écouté le discours, parfois positifs, parfois critiques. Mon ego ne peut s'empêcher de s'en attribuer le mérite, de se réjouir de sa performance et des nombreux commentaires sur les réseaux sociaux. Souvent, j'analyse les différentes parties, je prends conscience que j'ai oublié de dire certaines phrases importantes. Mais tout cela ne sert à rien. Ce sont mes insécurités, mes blessures qui refont surface après un moment de pleine confiance. Si vous écoutez le discours sur Internet vous verrez que j'ai totalement oublié d'inviter la foule à utiliser Ecosia. Cela ne sert à rien de faire son *mea culpa*. L'imperfection de mon discours, mon imperfection, était parfaitement adaptée à la perfection du moment, devant ces personnes, à ce moment précis de ma vie. Ce n'est rien qu'une expérience de plus qui m'aide à progresser, à vivre et à faire vivre certaines émotions et à ajuster ma présence.

Vivement le prochain discours.

Reprendre son pouvoir

Et là tu te dis : mais qu'est-ce qu'on a fait ?
Fabien Olicard[1]

Le deuxième projet que j'ai envie de partager avec vous se résume en une phrase : « Ce fut l'une des plus belles semaines de toute ma vie. » Mais avant de vous vendre la mèche, j'aimerais vous proposer de prendre un peu de recul.

Savez-vous pourquoi le hamster, enfermé dans sa cage, a un besoin vital de courir dans sa roue ? La réponse est assez simple : courir fait partie de qui il est. Ce petit animal est conditionné depuis les débuts de son existence à se déplacer le plus rapidement possible pour fuir les prédateurs volants nocturnes. D'après l'Aspca, l'association américaine de prévention de la cruauté contre les animaux, le hamster court en moyenne 8 km par nuit à la recherche de nourriture. C'est pourquoi je vous invite à y réfléchir deux fois avant d'installer ce petit rongeur dans votre chambre à coucher. Il y a des chances que vous ne fermiez pas l'œil de la nuit.

1. Lors du voyage en Tanzanie avec Ecosia.

Courir est un besoin vital pour le hamster. Quel est le vôtre ?

La raison pour laquelle le hamster ne peut se passer de sa roue est moins réjouissante. Les cages dans lesquelles il est tenu sont bien trop petites pour combler son besoin de se défouler les pattes. Le hamster court dans sa roue parce qu'il est emprisonné. Laissez résonner cette phrase quelques instants en vous. L'analogie de l'homme moderne, enfermé dans sa roue, qui ne s'arrête jamais de courir, est souvent utilisée pour décrire notre société de consommation. Imaginez tout simplement que la roue soit branchée à un générateur et que le fait de la faire tourner génère de l'électricité. Le travail de l'homme-hamster doit bien sûr être récompensé. C'est pourquoi on lui propose un salaire avec lequel il pourra s'offrir un nombre incalculable de choses inutiles. Grâce aux nouvelles technologies et aux merveilles d'Amazon & Co, il n'a d'ailleurs même plus besoin de sortir de sa roue. Il peut commander à distance tout ce qu'il lui faut pour continuer à courir. C'est presque comme s'il voulait vivre confiné.

L'écran installé en face de sa petite roue lui montre plusieurs scénarios possibles (sous forme de publicités, informations quotidiennes ou séries télévisées) : des paysages paradisiaques qu'il pourra aller visiter un jour ; s'il gagne assez d'argent en continuant de courir, des produits qui feront de lui un « bon » hamster encore plus performant et/ou reconnu/aimé par les autres hamsters et qu'il pourra acheter s'il continue de courir ; ou encore des images de catastrophes et de dangers qui ont pour but de générer la peur et d'encourager le hamster à ne surtout pas quitter le confort de sa petite roue. Le seul moyen de survivre est de rester dans sa cage et de courir ! Le plus étonnant dans ce petit manège, c'est qu'une part de l'électricité produite par le hamster sert à alimenter son propre écran. Il doit donc reverser une partie de son salaire à son propre bourreau.

Depuis l'arrivée des réseaux sociaux, notre petite histoire a pris une tournure encore plus sordide. Vous pouvez rester dans votre roue, commander n'importe quel produit de consommation et partager avec le monde entier votre bonheur. Il vous suffit de poster une photo de votre vie parfaite. Vous allez ainsi monter dans l'échelle sociale, définie par le nombre de « likes » que vous recevez après chaque publication. Vous rigolez peut-être mais la Chine vient de mettre en place un système de notation de tous ses citoyens. Fumer dans un espace non-fumeurs, acheter trop de jeux vidéo ou rouler trop vite sur le périphérique fait baisser cette note. Il peut alors vous être interdit de prendre l'avion, de séjourner à l'hôtel, d'avoir accès à des promotions ou aux meilleures écoles pour vos enfants. La version démocratique ou libérale de ce système serait simplement de transformer le like de Facebook et Instagram en notes de 0 à 5. Imaginez que chaque photo, en fonction de son succès, reçoive une note et que la moyenne de toutes ces évaluations représente votre score social. Plus celui-ci est élevé, plus vous avez accès à l'éducation, aux loisirs, etc. Prendriez-vous le risque de poster une photo qui dérange ? Qui oserait remettre en question le système ? Qui oserait déplaire ?

Nous ne sommes pas si loin des scénarios de la série Netflix *Black Mirror*. Mais en avons-nous vraiment conscience ? Mesurons-nous l'impact à long terme d'une société qui empêche tout écart de la norme ? Une société qui rêve d'être une monoculture, effrayée par le désordre apparent du vivant ? Partager les mêmes valeurs est devenu le leitmotiv de toute entreprise. Avoir une définition commune de ce qui est vrai, beau, bien, un idéal à atteindre, quelque chose à défendre est l'objectif de nombreux accompagnements collectifs. Combien de fois ai-je pu entendre cette phrase en tant que coach : « Nous devons avoir les mêmes valeurs pour réussir. » Devons-nous vraiment ? Ou serait-il plus intelligent d'accepter celles des autres, de reconnaître la valeur des autres, de reconnaître l'importance de toute forme de vie ? Une équipe qui fonctionne bien serait-elle uniquement basée sur des croyances communes ou bien aussi sur la mise en commun de ce qui différencie chacun du collectif ?

Le paradoxe auquel sont confrontés les leaders, managers et coachs en entreprise n'est pas simple. Vous devez à la fois créer un socle commun, un esprit d'équipe partagé par l'ensemble des collaborateurs et inviter chacun à rester lui-même et à se différencier du collectif. Cette posture schizophrène est la définition d'une équipe qui fonctionne bien. Nous sommes tous des êtres humains, mais chaque être humain est unique. Si vous vous contentez d'un point de vue (tous pareils ou tous différents), vous excluez automatiquement 50 % du potentiel de votre équipe. Ce serait bien dommage, n'est-ce pas ?

Le plus étonnant dans l'évolution actuelle de notre société est qu'elle est basée sur la tendance addictive naturelle de l'être humain. Nous comblons notre manque affectif par des substances et/ou comportements répétitifs qui permettent à court terme de nous faire oublier notre vide intérieur. Le marketing a bien compris ce phénomène en proposant d'innombrables solutions matérielles à notre malheur. Acheter une voiture permet ainsi d'être libre, d'être soi-même, de connaître la joie, d'affirmer sa différence. Le grand huit émotionnel qui fait partie de cette équation nous permet de vivre des moments d'extase intense, tel un drogué venant de tirer une ligne de cocaïne. À l'inverse, le retour à la réalité dont personne ne parle n'est pas toujours si facile à gérer. À force de vouloir contrôler notre météo intérieure et de s'évertuer à chasser tous les nuages le plus loin possible, la dépression revient en puissance pour arroser notre terre asséchée.

Le prix du « je »

Pour être conscient de lui-même, l'être humain doit faire beaucoup d'efforts. D'après mon analyse, pour que le « je » puisse exister, nous avons besoin de nous sentir séparés du reste, séparés de la « nature ». Le jeune enfant ne naît pas avec cette conscience du « je » qui vient un peu plus tard. En grandissant, nous nous identifions de plus en plus à ce « je »/« jeu », car il nous permet d'être reconnus et valorisés par la société. Nous commençons à développer ce que, communément, nous appelons un « sacré ego ». Je m'autorise ce détour parce que la culture de la performance, omniprésente dans notre société occidentale, est inséparable de notre « jeu ». J'ai l'impression que la performance, le fait de toujours vouloir gagner plus, le besoin d'évaluer et de donner des notes, même aux plus jeunes, l'obsession d'aller toujours plus haut et plus loin sont intimement liés à notre ego et à la blessure profonde qu'a provoquée notre déconnexion de la matrice maternelle. Derrière chaque performance se cache un effort considérable pour combler le vide créé par ce déchirement.

Vous avez certainement regardé *Forrest Gump* de Robert Zemeckis. J'adore ce film parce qu'il est l'exemple de ce que n'est pas la performance. Quand Forrest décide de courir et qu'il finit par traverser plusieurs fois les États-Unis, il n'a pas de but en tête. La seule chose qu'il « ressent », c'est qu'il a besoin de courir, ça lui fait du bien (à vous de trouver pourquoi). Toute la société, quant à elle, essaye d'en faire une performance. Elle veut trouver une raison, une cause plus profonde, un défi particulier à battre. Forrest continue simplement de courir, jusqu'au jour où il décide soudain de s'arrêter, de rentrer à la maison et de passer à autre chose.

Imaginez Usain Bolt qui, en plein sprint de 100 m, s'arrête, juste parce qu'il n'a plus envie de courir. C'est impensable. Une performance telle que nous l'entendons n'est donc pas quelque chose de « naturel ». J'entends par cela qu'elle est exclusivement liée à la partie de l'être humain qui divise, se sent séparé et opposé à la Nature avec un grand N. Parlons-nous de performance pour désigner un arbre millénaire ? Non. La performance est une invention humaine.

Quand nous sommes épuisés, nous pourrions simplement nous arrêter un moment et nous asseoir à côté de la roue et observer les autres courir, mais la pression sociale est forte. Tout comportement étrange est jugé comme une maladie qu'il faut soigner. Nous avons une capacité remarquable à fermer les yeux sur ce qui pourrait nous rendre libres et heureux. Et d'une certaine façon, nous aimons bien ce sentiment de dépendance. Il nous déresponsabilise. C'est confortable. Peut-être qu'il nous rappelle ces premières années de notre vie sur cette belle planète où un simple cri permettait de recevoir de la nourriture, de se faire chouchouter. Où l'on pouvait se vider à n'importe quel moment et où, comme par magie, une nouvelle couche, toute fraîche, enveloppait notre derrière. Sommes-nous vraiment à ce point effrayés de prendre nos responsabilités par rapport à ce qui se passe dans ce monde ?

La fin du « je »

Êtes-vous aussi effrayé que moi à l'idée de sortir de votre roue, dépendant de l'intensité qu'elle procure ? Si vous avez ouvert ce livre, c'est que vous sentez en vous une impulsion, une intuition, peut-être même une première révolte – un appel du plus profond de votre être à ne pas simplement croire, mais à aller vérifier par vous-même ce qui vous rend réellement heureux, à vivre le bonheur plutôt que de le regarder à travers une série télévisée. Peut-être qu'il est temps d'arrêter de courir. Littéralement. D'après vous, pourquoi les retraites de développement personnel et de méditation ont autant de succès ? Parce qu'elles vous forcent à changer de rythme, à prendre le temps, et l'instant de quelques jours, d'arrêter de vous fuir.

Nous ne sommes pas obligés de détruire immédiatement notre roue. Nous pouvons en sortir, y retourner, jouer avec l'excitation que provoque la peur de l'inconnu. Certains préfèrent démonter directement la roue pour ne plus se laisser tenter, mais vous pouvez aussi y aller un pas après l'autre. En rejoignant une start-up qui est toujours impliquée dans le système actuel, j'ai décidé de retourner un peu dans ma roue, en essayant de changer les choses de l'intérieur. J'avais besoin de cette étape pour négocier avec mon ego et mes peurs. Il me fallait respecter ma vulnérabilité afin de pouvoir lentement reconstruire ma confiance. Concrètement, au-delà de ma conviction profonde de devoir entreprendre différemment, au service du vivant, j'avais besoin d'un salaire.

Sachez que le plaisir de courir, l'envie d'avoir une activité qui a du sens, est bien réel. Le hamster, avant d'être pris dans le système économique actuel, adore courir. Il n'a pas le sentiment de travailler. Courir fait partie de son ADN. Apporter votre contribution au fonctionnement de votre communauté fait partie du vôtre. Sortir de votre roue, ce n'est pas obligatoirement vous priver du plaisir de courir ; cela vous permettra surtout de prendre du recul sur les choses et de voir le monde sous un autre angle. Quitter le système n'implique donc pas que vous devez « faire » autre chose. Le plus souvent, si vous découvrez ce que « courir » signifie pour vous, il suffit de changer le « comment » et de changer d'écosystème. Continuez à courir si vous en avez envie, mais ne le faites plus dans une roue. Fabien Olicard, le fameux youtubeur mentaliste, le décrit de façon très juste dans l'une de ses vidéos, publiée après un voyage que j'ai réalisé avec lui en Tanzanie pour sensibiliser sa communauté à la déforestation. C'est de cette deuxième aventure que je voulais vous parler. Il y a de nombreuses façons de sortir de sa roue et de prendre du recul

**Parlons-nous
de performance
pour désigner
un arbre millénaire ?
Non. La performance
est une invention humaine.**

@ferdinandrichter

sur nos vies. L'une des plus belles, qui provoque souvent de réelles prises de conscience, est de vivre un voyage initiatique en collectif et d'aller à la rencontre d'une culture qui est différente de la nôtre.

Avant d'en lire davantage, allez découvrir la vidéo que Fabien a réalisée après ce voyage inoubliable

Partir à l'aventure ensemble

Afin de promouvoir le projet de reforestation soutenu par Ecosia en Tanzanie, je suis parti avec une dizaine de créateurs de contenu pendant dix jours dans ce pays extraordinaire. Cette semaine a été l'une des plus belles de ma vie. Merci à Marie « EnjoyPhoenix », Fabien Olicard, William « DocSeven », Margaux « Les astuces de Margaux », Lénie et Mathieu « Professeur Feuillage », Ludivine, Ilia Renon, Max Bird, Céline « Céline H », Tom Wallop ainsi qu'au grand reporter du média BRUT, Charles Villa, pour leur confiance.

L'objectif était non seulement de documenter les efforts des locaux pour restaurer leur écosystème et de les faire découvrir à leurs communautés respectives (environ 8 millions d'abonnés cumulés sur YouTube) mais aussi de comprendre un peu mieux les enjeux globaux (tourisme de masse, réchauffement climatique) qui les impactent fortement. Ce séjour a été extraordinaire pour de nombreuses raisons. J'ai pour la première fois mis les pieds sur le continent africain et admiré des girafes et hippopotames dans leur milieu naturel. J'ai appris à connaître chacun des membres de l'équipe qui n'avaient pas peur d'exposer leur différence tout en acceptant de s'adapter aux besoins des autres.

Au départ, j'étais extrêmement stressé à l'idée de partir avec des personnes que je ne connaissais pas vraiment. Cela me rappelait mes aventures en montagne. Escalader un sommet sans connaître les forces et faiblesses de sa cordée est toujours une entreprise risquée. Si j'avais su que Tom était un grand fumeur et avait décidé de profiter de cette aventure pour commencer sa détox, j'en aurais certainement parlé un peu avant de partir afin de mieux gérer les « stops clopes » ! Mais on ne peut pas prévoir chaque détail, et tout le monde avait accepté, les choses se mettaient en place facilement. La vie me disait : « Vas-y, fais-le. »

Quand j'ai rassemblé l'équipe pour la première fois le lendemain de notre arrivée, j'ai directement posé le cadre de ce que j'espérais vivre avec eux : « Soit nous faisons une simple opération de communication pour parler du projet de reforestation d'Ecosia, soit vous vous autorisez à vivre autre chose avec ce groupe. »

Une telle expérience vous confronte à vos limites et vous oblige à sortir de votre zone de confort, surtout quand vous avez l'habitude de travailler seul (ou en binôme). L'absence d'eau chaude dans certains hébergements et la difficulté des randonnées prévues ne sont que quelques exemples de situations où le collectif a su prendre soin des uns et des autres. La nuit passée dans une ancienne caserne militaire-datant de l'occupation allemande et transformée en cloître était digne d'un film d'horreur. Croiser une nonne à moitié endormie alors qu'elle faisait sa ronde de surveillance en pleine nuit a donné des frissons à quelques-uns d'entre nous. Nous gardons tous des souvenirs mémorables. Que ce soit la peur des garçons d'aller aux toilettes pendant la nuit ou les bonnets tricotés par les nonnes, que j'ai achetés le lendemain pour tout le monde. Il faisait 10 °C, en Tanzanie ! Nous ne nous attendions pas à ça.

William, alias DocSeven, me dira plus tard : « Tu es le premier à nous dire de ne pas filmer tout le

Escalader un sommet
sans connaître
les forces et faiblesses
de sa cordée est toujours
une entreprise risquée.

@ferdinandrichter

temps et de juste vivre le moment présent. » En effet, je suis persuadé que si les réseaux sociaux permettent de donner une grande visibilité à une expérience, ils ne doivent pas empêcher d'être présent à ce qui se passe, caché derrière une caméra. Filmer moins mais mieux pour vivre une aventure humaine avant tout, c'est ce que je leur ai proposé. Et je pense que le résultat parle de lui-même.

Je vous invite à regarder la vidéo de William

Le seul moyen de comprendre qu'il est nécessaire de changer ce que nous croyons devoir être est d'observer l'impact de ce jeu auquel nous participons depuis l'invention du capitalisme moderne : mettre les pieds sur une terre meurtrie par la surexploitation agricole, découvrir une étendue rasée où jadis poussait une magnifique forêt vierge tout en constatant les efforts colossaux de certains pour régénérer ces écosystèmes ne vous laisse pas insensible. À l'image de Lénie, qui a fondu en larmes devant un arbre centenaire, nous avons parfois besoin que quelqu'un nous propose de sortir de notre roue, pour oser regarder la réalité en face. Questionner sa vision du monde et remettre en question ses propres comportements est toujours plus facile quand les personnes qui nous entourent nous soutiennent, nous encouragent et nous accueillent dans nos états émotionnels. Et c'est exactement ce que je souhaite vous proposer, imaginer un monde qui ne cherche plus à maîtriser la vie mais qui accompagne la nature dans ce qu'elle sait faire de mieux : créer de l'abondance pour tous les êtres vivants.

Repenser son (éco)système

Il faut travailler avec la nature et non pas contre elle.
Si quelque chose ne fonctionne pas, mets-toi à sa place.
Que ressent la citrouille ?

Sepp Holzer[1]

Quelle est, d'après vous la pensée fondamentale qui est à l'origine de notre société actuelle ? Je veux parler de notre système éducatif, de nos idées de « réussite », du fonctionnement de nos entreprises. Est-elle si différente d'une activité professionnelle à l'autre ? Je ne crois pas. Cela ne vous surprend pas que l'on puisse parler d'« exploitation » agricole ? Que diriez-vous si une entreprise s'appelait « exploitation » humaine ? Ça ne vous a

1. Melanie Leitner, Interview de Sepp Holzer pour la *Kronen Zeitung*, 23 novembre 2019.

jamais interpellé que l'on parle de RH (ressources humaines) ? Sommes-nous tous condamnés à exploiter les ressources du vivant pour… pour quoi d'ailleurs ? Pour survivre, se nourrir, s'enrichir ? Et si nous étions prêts à changer, quelle serait l'alternative à ce fonctionnement ancré au plus profond de notre société moderne ?

Notre société industrialisée a simplifié à outrance le vivant. Celle-ci implique toujours de détruire tout ce qui pourrait rendre complexe un système. Il est en effet beaucoup plus simple de traiter tout le monde de la même manière plutôt que de s'intéresser aux besoins réels des uns et des autres. La permaculture relève ce défi. Elle accepte de ne pas pouvoir tout contrôler mais nourrit la foi profonde que si on prend soin de la nature, elle prendra soin de nous. Appliquer l'éthique de la permaculture à un (éco)système humain, à l'entreprise, est plutôt surprenant et, je ne le cache pas, le résultat est particulièrement gratifiant. Plus important encore, au lieu de planifier tout ce que devrait produire mon projet, je me réjouis chaque jour de ce qui pousse sans même que j'y aie pensé. Quel kif !

Laissez-moi vous montrer à quoi l'application de ces principes peut ressembler dans mon quotidien.

Se mettre au service de l'autre plutôt que l'utiliser

« En quoi puis-je t'aider à réaliser ce qui est important pour toi ? » Prendre le temps de construire des relations authentiques est d'une importance vitale. Selon moi, l'entreprise devrait avant tout être un espace permettant à chacun de se découvrir et de se réaliser. J'utilise cette même approche pour élaborer des partenariats avec d'autres entreprises, des associations ou des influenceurs sur les réseaux sociaux. Avant de me demander quelle visibilité ils vont pouvoir apporter à Ecosia, j'essaye de comprendre quels messages ils souhaitent partager avec leurs communautés. Quels rêves ont-ils envie de réaliser ? Et comment Ecosia pourrait se mettre au service de ces personnes qui ont établi des relations de confiance fortes avec des milliers de personnes ? Autrement dit, de quoi ont besoin la communauté et le réseau qui se trouvent derrière la personne que j'ai en face de moi ?

Pour le voyage en Tanzanie, j'ai intégré les envies des uns et des autres dans le déroulé du séjour. Nous avons même effectué un détour de deux jours (et de quatorze heures de voiture sur des pistes en terre) pour répondre à une demande de William « DocSeven » pour réaliser sa vidéo. Il rêvait de voir le lac Natron, connu pour sa couleur rose (il ne l'était pas du tout quand nous sommes arrivés). Si nous n'avions pas fait ce crochet, nous n'aurions pas pu combler un autre rêve, celui de Marie « EnjoyPhoenix ». Voir des girafes sauvages de près lui a fait monter les larmes aux yeux (et à moi aussi d'ailleurs).

Revivez ce moment fort avec Marie

Autre haut fait de ce voyage : la soirée que nous avons passée avec les habitants d'un village massaï, tous regroupés autour d'une petite télévision pour regarder la finale de la Coupe du monde 2019 : un instant mémorable, qui restera pour toujours gravé dans nos mémoires. « Vous étiez où quand la France a gagné la Coupe du monde ? » Je pourrais répondre : « Dans un village massaï en Tanzanie, près d'un lac normalement rose avec dix youtubeurs français pour parler du besoin de reforestation dans le monde. » Assez magique, vous ne trouvez pas ?

Voici la vidéo de Marie
qui a immortalisé cette soirée

Le fait de prendre au sérieux le besoin de l'autre s'inspire des forêts et des symbioses que peuvent former les arbres avec les mycéliums dans le sol. Tous les végétaux sont connectés entre eux. Ces relations d'interdépendance donnent une grande résilience à ces écosystèmes. Il n'est pas question d'absorber l'autre, de l'intégrer dans sa propre structure, comme le suggère le modèle américain des start-up. Il s'agit plutôt d'en prendre soin et de le rendre plus fort, de l'aider à devenir autonome. En répondant au besoin du créateur de contenus, en essayant vraiment de comprendre ce dont il a envie, j'aide à créer de la valeur pour lui et toute sa communauté. Car au final, c'est bien le créateur qui sait le mieux ce qui pourra intéresser les personnes qui le suivent.

Se connecter et interagir avec le réseau au lieu de forcer la croissance

Partager le chemin avec sa communauté et l'impliquer dans les choix stratégiques de votre projet me semble primordial pour renforcer les liens et la confiance. Cette démarche est en opposition avec notre façon traditionnelle de présenter un produit fini et de nous réjouir : « Regardez ce que j'ai réussi à faire, admirez-moi ! » Aujourd'hui, grâce aux réseaux sociaux, vous pouvez être en contact direct avec votre communauté. Vous pouvez lui poser des questions et avoir des réponses instantanées. Cela ne veut pas dire que vous devez répondre « oui » à tout ce qu'on vous propose, mais le fait d'impliquer et d'écouter les gens en amont est essentiel. J'ai partagé une partie des chapitres de ce livre sur Instagram et LinkedIn bien avant de les avoir structurés. En fonction des réactions et des commentaires, j'ai pu coconstruire des parties, en détailler d'autres et mieux comprendre les besoins des personnes qui sont intéressées par mon propos.

Vous pouvez même aller plus loin. Il est désormais possible de créer une communauté sans même savoir quel métier vous allez faire plus tard. Il suffit de parler de ce qui vous passionne. Est-ce que vous allez finir par écrire un livre, par proposer des formations ou des spectacles, ou bien par développer une marque éthique de confiture ? Tout devient possible. À l'image de Fabien Olicard, vous pouvez tout faire à la fois. Il manque juste la confiture ! Ajoutez à cela les nombreuses façons de cofinancer des projets en demandant de l'aide à sa communauté et vous rendez l'entrepreneuriat accessible à beaucoup de personnes. Plus besoin d'être millionnaire : l'envie d'apporter une vraie valeur ajoutée à notre société peut suffire pour changer le système à son niveau.

Le grand avantage de cette démarche est son côté pragmatique. Le jour où votre produit sera prêt, vous aurez déjà établi une relation avec des personnes intéressées. Ce n'est plus « votre » produit/service que vous devez vendre, mais celui issu d'une réflexion collective. Fini l'investissement faramineux dans la publicité pour faire connaître votre innovation. D'une certaine façon, cela ressemble beaucoup à ce que j'ai appris pendant mes formations en permaculture : si vous avez un grand rêve, planifiez-le pour le mettre en place. N'attendez pas d'avoir le budget nécessaire pour tout changer à la fois : allez-y doucement, un pas après l'autre, afin de pouvoir expérimenter et vous laisser une marge d'erreur. Commencez par un plant de tomates et regardez ce qu'il se passe. Partagez cette aventure sur les réseaux sociaux et racontez votre histoire. Si au bout de quelques années, vous décidez de

« vivre » de votre potager, de nombreuses personnes seront déjà prêtes à vous aider. Et le plus important : plus d'excuses pour ne pas se mettre en mouvement !

Accepter la complexité plutôt que simplifier le vivant

Les écosystèmes dans lesquels nous vivons sont d'une complexité parfois étourdissante. Il est impossible de tout savoir, de tout contrôler. Il en est de même avec les êtres humains. L'histoire familiale, la culture, l'éducation, les influences amicales, la génétique ne sont que quelques facteurs qui peuvent définir qui nous sommes. Finalement, nous ne savons pas grand-chose des raisons d'agir d'une personne avant d'avoir pris le temps de la rencontrer. Observer avant d'agir est le mot-clé. Imaginez que vous devez vous faire opérer et que le chirurgien, dans un élan de confiance, vous dise : « Allez, pas besoin de faire des radios ni d'examens supplémentaires. Je connais les gens comme vous, on va couper là et ouvrir ici, et on verra bien. Ne vous inquiétez pas, j'ai vu des dizaines de personnes avec des dysfonctionnements cardiaques. » On est d'accord, vous sortiriez en courant de son bureau. Malheureusement, au lieu d'accepter la complexité du vivant, de nombreuses personnes essayent de vous vendre *la* solution miracle. Classer la vie en

**N'attendez pas d'avoir
le budget nécessaire
pour tout changer à la fois :
allez-y doucement,
un pas après l'autre, afin
de pouvoir expérimenter
et vous laisser
une marge d'erreur.**

@ferdinandrichter

quelques catégories revient à réduire un iPhone à un morceau d'aluminium. D'après moi, c'est cette difficulté à analyser et à comprendre[1] qui confronte l'être humain, notamment l'homme, à quelques-unes de ses plus grandes frustrations : son ignorance et son impuissance face à certains événements.

Dans mon expérience, le plus simple pour vivre avec le fait de ne pas savoir est de se dire que la vie fait bien les choses, même si on ne comprend pas toujours tout. Avant de juger l'incompétence d'un collaborateur, donnez-lui les moyens de s'exprimer pleinement et réjouissez-vous de ce qui le différencie des autres. C'est ce qui donne toute sa saveur et sa profondeur à ce que vous allez réaliser ensemble. N'essayez pas d'emprisonner ce dernier mais aidez-le à construire un environnement de travail qui lui permettra de porter des fruits et de se développer de façon durable.

Cela vous semble évident ? À moi aussi. Mais ce n'est pas la réalité que j'ai découverte en tant que coach en entreprise. Pour rassurer et évaluer les performances, on préfère définir à quoi doit ressembler un leader plutôt que d'aider chacun à exprimer sa différence. Les entreprises dépensent des fortunes pour définir des modèles de leadership et payer des coachs qui aident les salariés à y cor-

1. Définition de la complexité par le Centre national de ressources textuelles et lexicales.

respondre. La raison est assez simple : comment justifier des salaires différents si vous n'avez pas des critères objectifs pour juger ? Dans le système actuel, c'est pratiquement impossible. D'autant plus que les jugements peuvent rapidement être utilisés par les uns et les autres pour décrédibiliser et attaquer les leaders. Il est donc beaucoup plus simple de créer un environnement de travail standardisé qui transforme lentement les acteurs en « robots ».

Le chemin de la liberté et de l'authenticité qui permet d'établir des relations de confiance est certes plus difficile que de laisser quelqu'un d'autre vous dire qui vous êtes et ce que vous devez faire de votre vie. Mais d'après ce que j'ai découvert avec la permaculture, il permet de créer l'abondance et surtout la résilience dont nous avons tellement besoin à long terme.

Partager l'abondance plutôt que de stocker et laisser pourrir

Trop souvent, nous oublions que nous dépendons d'un écosystème qui nous donne les ressources nécessaires pour vivre. En prendre soin me paraît évident. La façon la plus simple de le faire est de distribuer les richesses dont nous n'avons pas besoin à tous les acteurs de cet écosystème.

Au risque de me répéter : c'est en prenant soin de notre monde que nous pouvons continuer d'y vivre. La nature n'est pas en danger. L'écosystème dans lequel l'être humain peut survivre l'est ! Imaginez que les entreprises utilisent 20 % de leurs bénéfices pour soutenir des projets engagés, choisis par leurs collaborateurs. Imaginez que ces entreprises deviennent un moyen pour améliorer le monde. Vous ne croyez pas que cela donnerait plus de sens à des millions d'emplois ? En 2017, les entreprises du CAC 40 ont généré environ 90 milliards d'euros de bénéfices nets[1]. Même s'il s'agit d'une moyenne et que la mise en place ne serait pas si facile, je me suis amusé à faire le calcul suivant : les émissions mondiales de CO_2 par an étant d'environ 40 milliards de tonnes[2], avec 10 milliards d'euros, on pourrait planter assez d'arbres pour compenser ces émissions, soit environ 10 % du bénéfice des entreprises du CAC 40. Qu'est-ce qu'on attend ?

Laisser de la place pour le vide, l'incertain, le sauvage

Dans un jardin, si vous ne faites rien, la nature reprend ses droits. Des plantes parfois inconnues vont pousser et même si vous ne le savez pas toujours, elles sont là pour une bonne raison. En per-

1. AFP, « Les bénéfices des entreprises du CAC 40 en hausse de 24 % en 2017 », *Le Figaro*, 2018.
2. Commissariat général au développement durable, Chiffres clés du climat, 2019.

maculture, il n'y a pas de « mauvaises » herbes. On parle de plantes indicatrices. Chacune apporte au sol ce dont il a besoin pour redevenir fertile. Si vous labourez tout le jardin et que vous utilisez 100 % de l'espace pour planter des tomates, vous passez à côté d'un des enseignants les plus brillants : la nature. Elle sait exactement ce qui doit pousser. Ses milliards d'années de « recherche & développement » et d'optimisation dépassent largement les plus grandes prouesses technologiques réalisées par l'homme.

Créer des espaces « vides » pour laisser pousser naturellement les choses, sans juger ni exiger une rentabilité, est peut-être l'une des pistes les plus surprenantes que j'aie pu explorer. L'être humain, à l'image de la nature, adore la diversité, la créativité, les choses nouvelles qui surprennent et qui sont différentes de ce que nous connaissons. C'est bien pour cela que vous préférez aller au cinéma ou au théâtre plutôt que de revoir encore et encore le même film. Ce n'est pas pour rien que nous sommes accros à la mode, aux informations quotidiennes ou aux nouvelles cartes de notre restaurant préféré. Et si créer le vide, c'est-à-dire planifier des moments dans la semaine où rien n'est prévu – pas de réunion, pas de « répondre à mes e-mails » – était tout aussi efficace que mettre en place des stages de créativité collective ? Et si on laissait tout simplement un peu d'espace au sauvage qui sommeille en nous et qui est, d'après moi, l'une des plus grandes sources de créativité existante ?

Notre société actuelle a bien compris notre peur de ce vide. C'est sur lui qu'est construite toute la société de consommation. Au lieu de nous ennuyer un peu, nous binge-watchons la dernière série Netflix ou nous commandons je ne sais quoi sur Internet. En faisant cela, nous nous privons d'une des caractéristiques les plus impressionnantes de ladite nature : sa capacité de régénération. Quand vous laissez tranquille un sol, il se régénère. Si vous arrêtez de courir partout ou de vous divertir et que vous écoutez ce dont votre corps a réellement besoin, vous vous régénérez. C'est aussi simple que cela. Dans le cadre professionnel, j'ai pu observer un phénomène encore plus déconcertant. Il est très mal vu de ne « rien » faire en entreprise. Il n'est pas question d'être payé pour perdre son temps. Du coup, il faut à tout prix démontrer que l'on est occupé et que l'on « performe » à tout moment. Il n'y a qu'une façon de résoudre cette contradiction : créer inconsciemment des problèmes qui n'existaient pas avant. La façon la plus simple de montrer qu'on apporte quelque chose à l'entreprise est de résoudre des problèmes (qu'on a soi-même créés en amont). Plus une organisation est grande, plus ce phénomène semble s'installer. On finit avec une culture qui félicite ceux qui ont trouvé des solutions à des problèmes qui n'existaient pas au départ. C'est ainsi que je définirais le capitalisme moderne. Sans guerre, vous ne pouvez pas décerner de prix Nobel de la paix. Sans maladie, vous ne pouvez pas vous vanter de guérir quelqu'un. Sans destruction des écosystèmes, vous ne pouvez pas faire croire aux gens que la technologie va sauver la planète.

Je ne dis pas qu'il n'y a pas de vrais défis à relever qui nécessitent toute l'intelligence mentale, émotionnelle et spirituelle du collectif. Cependant, je pense qu'être payé non pas pour le temps de travail ou les objectifs atteints, mais pour l'énergie mise à disposition devra un jour être considéré par le monde du travail. Prenez le discours que j'ai prononcé au festival We Love Green. Il n'aura duré que quelques minutes mais a nécessité une énergie considérable de ma part. Cette dernière me permettrait certainement de parler plusieurs heures devant un public plus restreint. Après ce type de discours exceptionnels, il me faut récupérer pendant plusieurs jours. C'est en respectant ces cycles de régénération, pris en compte dans le temps de travail, que j'ai amélioré mon quotidien.

Intégrer les cycles (féminins) dans sa vie

Les cycles font partie de la nature : le jour, la nuit, l'été, l'hiver, la croissance, la décroissance, la naissance, la mort, rien de cela ne devrait être considéré comme une maladie à guérir, mais plutôt comme une réalité à accepter avec humilité et respect. Nous pouvons certes jouer avec la durée de certains cycles, nous pouvons retarder la mort d'une plante en la protégeant contre les premières gelées, mais pour que la vie continue, il faut la laisser partir. Le risque est de créer des êtres « morts-vivants » sans aucune saveur. N'est-ce pas ce qui se passe déjà avec des tomates produites sous serre chauffée en hiver ? On produit une coquille vide, sans goût et sans âme. Il me semble particulièrement important d'intégrer ces pensées dans le fonctionnement quotidien de nos vies. Certains projets naissent, vivent et doivent mourir. Après chaque ascension, après avoir célébré une victoire ou une belle récolte, il est primordial de se reposer. L'hiver est un moment clé d'intériorisation qui permet à chacun de faire le point sur ses apprentissages, ses erreurs, ses ambitions futures.

**Quand vous laissez
tranquille un sol,
il se régénère.
Si vous arrêtez
de courir partout
ou de vous divertir
et que vous écoutez
ce dont votre corps
a réellement besoin,
vous vous régénérez.**

@ferdinandrichter

Le rêve de performance constante est une aberration. Elle conduit à un état de végétation, pousse à « faire semblant de travailler », ce qui, à terme, ne peut fonctionner sans produits dopants. Ces entrants chimiques encouragent l'addiction et produisent des sols qui n'ont plus la biodiversité et la richesse nécessaires pour accueillir et faire grandir les projets, germer les graines. Les explications pour « sauver » certaines industries sont cohérentes. Des milliers d'emplois ont été créés grâce à une société qui exploite la vie. Alors ayons le courage de changer proactivement et de dire à ces personnes : « Le pétrole n'a pas d'avenir. Nous allons arrêter cette entreprise. Mais ne vous inquiétez pas ! Nous allons vous aider à trouver une autre place, à vous rendre utile si vous le voulez ou à vous indemniser pour que vous puissiez démarrer autre chose. Nous sommes tous dans le même bateau. »

Les cycles sont omniprésents dans notre vie, que nous l'acceptions ou non. Les hommes ont peut-être un peu plus de mal à en prendre conscience tout simplement parce que leur corps ne leur rappelle pas cette vérité une fois par mois.

Célébrer le féminin

Quand on regarde le fonctionnement de notre société occidentale, il est difficile de nier que la grande majorité des personnes au pouvoir, que ce soit en entreprise ou en politique, sont des hommes. Longtemps dans l'histoire, la femme a été mise à l'écart des prises de décisions et elle l'est malheureusement toujours dans de nombreuses organisations. Les valeurs qui définissent notre société sont à l'image de ce qui valorise la gent masculine : la performance, la combativité, la rationalité, la maîtrise des émotions, la domination. À croire que nous avons défini l'arène avec ses gladiateurs comme un idéal à atteindre. La sensibilité et l'intuition, quant à elles, ont longtemps été jugées comme inférieures et assignées aux femmes.

Je pourrais ici tenter l'expérience risquée de définir le féminin et le masculin. Ce qui me semble bien plus intéressant, c'est de partager avec vous les observations que j'ai faites ces dernières années, étant entouré de femmes qui assument leur pouvoir et qui osent élever la voix. Rares sont celles qui choisissent de continuer sur le chemin de la performance. Elles ne cherchent plus à atteindre un idéal physique, imposé la plupart du temps par une industrie de la mode, elle aussi patriarcale. Ces femmes assument leur cycle féminin. Elles sont fières de leurs « lunes » et célèbrent la beauté de leur corps, quelles que soient ses formes. Ce féminin qui s'éveille ne recherche plus à produire plus et à épuiser ses ressources. Prendre soin de soi et des autres, être à l'écoute de ses émotions et de son intériorité, explorer ses ressentis les plus subtils, rechercher la Beauté avec un grand « B », vivre en harmonie avec les cycles naturels des saisons et de la Lune, c'est de cela qu'il est question. À croire que la permaculture s'est construite sur cette énergie, tellement les principes s'en inspirent.

Je vous invite à découvrir le programme en ligne « Pause sacrée » sur les cycles féminins d'Ilia Renon et Cécile Doherty-Bigara à ce sujet

Encore une fois, je ne dis pas que les hommes devraient à tout prix nier leur force, leur agressivité et leur envie de défendre ce qui leur tient à cœur. Réveiller le féminin ne devrait pas revenir à mettre sous cloche le masculin. Cela risquerait de nous exploser à la figure tôt ou tard. Je pense en revanche sincèrement qu'il est important de remettre en question certains dogmes qui essayent de figer ce qu'un homme, une femme ou toute personne qui s'identifie à plusieurs genres devrait être. Rééquilibrer les énergies en libérant ce que notre société a longtemps emprisonné par peur de ne pas pouvoir le maîtriser est essentiel si nous voulons réapprendre à vivre avec notre nature et non pas contre elle.

Oser assumer sa sensibilité est un acte de courage remarquable. Plus nous nous coupons de nos ressentis, moins nous nous sentirons en vie et plus nous créerons un monde à l'image de cet état, un monde sans vie. Ressentir est devenu parfois difficile, insupportable même. Il est normal que nous nous protégions de certaines émotions quand nous sommes confrontés aux horreurs qui peuvent exister. Nous pouvons très rapidement nous sentir submergés. En même temps, le seul moyen de passer à l'action et de s'engager pleinement dans cette vie est de reconnaître ses émotions, de ressentir pleinement ce qui se passe en nous, de pleurer, de rire, de crier et d'agir en conséquence. Construire une culture qui permet d'accompagner collectivement ce processus aura un effet extrêmement positif sur les écosystèmes dans lesquels nous vivons, j'en suis persuadé. Je vous invite à vous reconnecter à ce que représente pour vous le « féminin » tout en lâchant prise sur la domination de votre « masculin ».

S'entourer de personnes qui challengent votre vision du monde

Naturellement, une personne va s'adapter à l'esprit du collectif. On ne peut pratiquement pas l'éviter. Vouloir être accepté par le groupe fait partie de notre nature, c'est un instinct de survie. C'est pourquoi il est important de s'entourer de personnes qui pensent différemment et qui osent l'exprimer. Il ne s'agit bien évidemment pas de créer volontairement des conflits. La communication non violente est primordiale pour pouvoir profiter de cette diversité. En permaculture, on dit que chaque difficulté ou problème qui se présente, nous invite à rendre le système encore plus complexe. Ce n'est pas l'élimination d'un « nuisible » qui est la solution mais l'introduction d'une espèce régulant sa population. Plus le jardin devient complexe, moins vous pouvez le contrôler. Vous n'avez donc pas d'autre choix que de vous appuyer sur ce qui prend du temps à construire : la confiance.

J'ai longtemps cherché des « frères d'armes » pour m'accompagner dans mes différents combats existentiels. La confiance qui se crée entre hommes quand vous affrontez une autre équipe sur un terrain de rugby peut être extraordinaire. Cela ressemble à ce que vous pouvez expérimenter quand vous formez une cordée en montagne ou bien quand vous partez en mission en tant que soldat. L'enjeu est tel que vous êtes obligé de faire confiance. Votre vie en dépend. Depuis que j'ai décidé de laisser mourir le guerrier, j'ai eu la chance de faire des rencontres d'un tout autre type. Je ne parlerais plus de frères d'armes. Ce n'est plus le combat qui nous réunit, ce n'est plus le risque qui nous oblige à faire confiance. Quelque chose de profond nous lie avant même que nous ayons pris le temps de faire connaissance. Ils sont devenus mes « frères d'âmes ».

interlude

CÉLÉBRONS NOTRE RECONNEXION

Avant de partager avec vous une de ces rencontres, j'aimerais vous féliciter. Se mettre en mouvement après avoir remis en question ses valeurs n'est pas facile. Cela demande beaucoup de courage, de la foi, même, car on avance sans vraiment connaître le chemin. J'ai moi-même laissé la vie me guider, j'ai accepté de mettre en place des projets sans savoir s'ils allaient vraiment faire avancer les choses. Les questions essentielles que je me suis posées à ce stade de ma renaissance sont assez simples : quel est le plus important dans tout ce que je fais ? Pourquoi je ne suis pas en train de refaire les mêmes erreurs ? En quoi est-ce si important pour moi de parler sur scène à de parfaits inconnus de ce qui me touche ? Parmi tout ce que j'ai découvert, quel est l'élément clé qui manque dans notre société actuelle ?

À l'image des monocultures qui détruisent la vie dans le sol, on pourrait croire que les plantes sont heureuses et en pleine forme. Mais il leur manque le plus important : des liens authentiques entre elles et avec d'autres êtres vivants qui les nourrissent et leur donnent le soutien nécessaire pour traverser des crises en confiance. Nous avons besoin de connexions qui luttent contre la solitude existentielle. Se sentir relié à soi-même, à son âme, à son corps et ses émotions, ainsi qu'aux autres et à tout l'écosystème qui nous fait vivre : c'est l'essentiel. La permaculture m'aide à mettre en place des (éco)systèmes résilients fondés sur un réseau d'entraide de plus en plus développé. Car si l'une des lois de la nature est la sélection naturelle et la compétition, la solidarité, l'entraide et le partage font tout aussi partie de nos écosystèmes.

Il me semble évident de vous inviter à renouer ces liens authentiques, à les renforcer et à les protéger. Ils vont nous permettre, tous ensemble, de traverser les plus difficiles des crises. Et surtout, de nous aider mutuellement quand nous trébuchons ou quand nous devons revenir en arrière. Dans un monde rempli d'incertitude, ces réseaux nous aideront à explorer notre propre complexité sans perdre pied. Nous pourrons régénérer ce que nous avons délaissé, réunir ce qui a été séparé et réconcilier ce qui s'est affronté depuis bien trop longtemps.

étape 4

RENOUER DES LIENS AUTHENTIQUES

Nous sommes comme des îles dans un océan,
séparées à la surface mais connectées en profondeur.

William James

Diriez-vous que vous êtes sensible ? D'après le Larousse, quelqu'un de sensible est une personne apte à percevoir des sensations, affectée par une action extérieure. Par définition, nous sommes donc tous sensibles, sauf que nous nous sommes de plus en plus coupés de ces ressentis par peur de ne pas savoir gérer et accueillir ce qu'il se passe en nous. Cette complexité intérieure peut nous effrayer, nous perturber, car parfois ce que nous éprouvons ne correspond pas à ce que nous « devrions » ressentir. Accueillir toute la palette de couleurs de cette sensibilité rend la vie parfois insupportable, mais nous invite aussi à explorer l'ensemble de ces saveurs qui transforment notre aventure commune en un repas digne des plus grands chefs étoilés. Assumer cette sensibilité est le chemin le plus sûr pour se reconnecter à ses aspirations profondes et pour choisir la vie, l'activité, les relations qui nous mettent en joie.

Retrouver ses frères et sœurs d'âme

L'amitié, c'est être frère et sœur, deux âmes qui se touchent sans se confondre, les deux doigts de la main.

Victor Hugo

En 2019, j'ai été invité par Maxime de Rostolan, fondateur de Fermes d'avenir[1], et Cyril Dion, réalisateur du film documentaire *Demain*, à les rejoindre dans un château de la Loire pour échanger avec deux cents autres invités sur la transition écologique et sociétale actuelle. Le château de La Bourdaisière est un magnifique lieu qui héberge la première ferme expérimentale Fermes d'avenir. Maxime voulait prouver qu'une ferme en permaculture pouvait être aussi rentable qu'une exploitation agricole traditionnelle. Si cela vous paraît évident, c'est que vous avez sûrement vous-même déjà participé à un tel projet. Malheureusement, tout le monde n'est pas encore convaincu par ces approches. Notre société a besoin de preuves scientifiques et de chiffres pour croire en l'évidence. La ferme du Bec-Hellouin est certainement l'exemple le plus connu ayant fait avancer considérablement la reconnaissance de ces initiatives auprès des responsables politiques. Cette ferme, rachetée en 2014 par Charles et Perrine Hervé-Gruyer, est devenue un

1. La mission de Fermes d'avenir est de « faire pousser des fermes agroécologiques sur tout le territoire. Celles-ci doivent permettre de nourrir la population avec des aliments sains et qualitatifs en préservant le capital naturel planétaire et en garantissant une activité viable, vivable et résiliente pour les agriculteurs ».

centre de formation et de recherche mondialement connu. Une étude conduite par l'Inra et AgroParis-Tech a notamment démontré qu'une surface productive de 1 000 m^2 en micro-maraîchage biologique intensif avec travail manuel avait dégagé 55 000 euros de chiffres d'affaires en un an pour un équivalent temps plein. Le chemin est cependant encore long. Aujourd'hui, vous recevez davantage d'aides pour exploiter (et détruire) la vie dans les sols plutôt que pour régénérer leur biodiversité. Sachez que le plus grand espoir pour rééquilibrer les émissions carbone est le stockage du carbone dans le sol (et non pas uniquement dans les arbres)[1]. C'est en interdisant des sols à nu, le labour profond, et en diversifiant les cultures que nous pourrions faire un grand pas dans la bonne direction. Maxime a d'ailleurs voulu faire passer un amendement qui aurait établi une vraie différence. Le principe serait assez simple : on mesurerait la quantité de carbone et la biodiversité sur un terrain et si ce terrain était « appauvri » à cause d'une surexploitation, la valeur financière de cette parcelle diminuerait. Un sol mort ne vaut plus rien. Aucun agriculteur n'aurait ainsi un intérêt à choisir des techniques néfastes pour l'environnement. Un sol en bonne santé n'a pratiquement plus besoin d'engrais chimiques ou de pesticides. Vous comprendrez facilement pourquoi certaines organisations influentes auraient beaucoup d'argent à perdre et ne souhaitent donc pas protéger le vivant.

1. Si vous souhaitez en savoir plus, je vous invite à visiter la page Internet suivante : https://reseauactionclimat.org/stockage-carbone-sol-rechauffement-climatique/

Maxime est un homme impressionnant. Il a une énergie débordante et une envie pressante de changer le monde. Les échanges lors de ce week-end ont été nombreux, riches. Le plaisir de renforcer les liens était clairement présent. Le but de la rencontre était en revanche un peu moins évident. Différents objectifs se mélangeaient et les attentes n'étaient pas forcément formulées : trouver des solutions collectives face aux enjeux environnementaux, parler politique, ou plutôt mettre en avant les initiatives existantes pour les soutenir, c'était peut-être un peu tout cela. Il est bien plus facile d'être critique face à un tel événement quand on n'en est pas l'organisateur. Si je partage mon expérience avec vous, c'est surtout pour vous inviter à imiter Maxime, à mobiliser les gens autour de vous, car ce sont ces liens qui vont faire pousser de nouveaux projets et favoriser l'entraide si importante dans un écosystème sain.

Assumer son leadership

Plus vous vous autorisez à assumer vos envies et vos ambitions, plus les autres seront prêts à vous suivre. J'ai appris cette leçon de leadership assez tôt. Par peur d'être considéré comme quelqu'un d'autoritaire, notamment dans le milieu associatif, les chefs de projet optent pour un management participatif. D'après moi, c'est une erreur. Quand

Plus vous vous autorisez à assumer vos envies et vos ambitions, plus les autres seront prêts à vous suivre.

@ferdinandrichter

un nouveau collectif se crée, les rôles et responsabilités doivent être bien définis. Sinon vous générez beaucoup d'incertitudes, de peurs et de confusion. Celui-ci n'a pas besoin de rester figé. Au contraire, c'est juste un point de départ simple à comprendre, qui permet à chacun de décider comment il aimerait participer. Poser une vision claire ne veut pas dire que vous êtes un « petit dictateur ». Je le vois plutôt comme un signe de sincérité par rapport à ce que vous souhaitez. Assumez vos doutes, votre vulnérabilité et vos envies. Ainsi vous pourriez par exemple, dès le début des échanges, poser le cadre suivant : « Nous sommes ici parce que nous souhaitons construire un monde plus respectueux du vivant. Nous menons tous des projets un peu partout en France et nous voulons trouver d'autres façons de collaborer, d'échanger et de nous soutenir. Nous ne savons pas quelle forme cela pourrait prendre. Prenons le temps de faire connaissance et de permettre à chacun d'exprimer ce dont il a envie ou besoin. »

Si vous avez une idée précise en tête, vous pourriez aussi dire : « Nous souhaitons gagner les prochaines élections présidentielles avec un parti qui défend les valeurs écologiques, sociales et solidaires en lesquelles nous croyons. Comment allons-nous y arriver ? » Rassembler deux cents acteurs qui sont chacun responsable d'un projet (et qui représentent chacun une communauté d'acteurs engagés) est un défi considérable et je pense que Maxime a fait un travail remarquable. Il a permis de nombreuses rencontres, notamment avec des hommes sensibles et engagés, qui n'auraient jamais eu lieu sans lui. Arthur Keller, rencontré lors de ce week-end, est un homme d'une grande intelligence et d'une clairvoyance impressionnante ; je vous invite à découvrir ses vidéos. Il vous explique les risques systémiques de nos organisations d'une façon brillante.

Si vous deviez prendre trois heures de votre temps pour comprendre ce qu'il se passe actuellement sur notre planète, je vous recommanderais cette conférence donnée par Arthur Keller à CentraleSupélec

Lisez le roman écologique *Siècle bleu* de Jean-Pierre Goux. Il est passionnant ! Jean-Pierre a créé une œuvre magistrale autour de l'idée que nous pourrions un jour prendre conscience que nous faisons tous partie du même organisme vivant, Gaïa, notre Terre.

Pour commander le livre de Jean-Pierre Goux, ouvrez ce QR-code

Écoutez les chansons hypnotisantes de Gaël Faure, un artiste accompli qui a décidé de « sortir du système » pour suivre son cœur

Face à votre frère d'âme, le doute n'existe plus

La rencontre qui m'aura le plus marqué à La Bourdaisière est à l'image de ces quelques relations qui vous montrent que l'on peut ressentir de l'amour et de l'affection pour n'importe qui sans que cela doive se transformer en une relation amoureuse. Être sensible offre de voir la beauté en l'autre sans avoir peur de ce que cela pourrait provoquer comme émotion en soi. Tomber en larmes devant la beauté d'un paysage, quelle magnifique preuve d'humanité. Je sortais de la grande salle du château, curieux de découvrir où mes pieds allaient me mener. J'ai levé les yeux et il était là, devant moi. Nous nous sommes reconnus à l'instant, comme si deux très vieux amis se retrouvaient. C'était d'une évidence déconcertante. Je lui ai tendu la main, un léger sourire sur le visage. Je ne sais plus exactement ce que nous nous sommes dit. Cela aurait pu être : « Ah ! te voilà, je te cherchais » ou : « Tu étais où ? Ça fait un moment que j'attends cette rencontre. » Quand Malory, la compagne de Marc de La Ménardière, réalisateur du film *En quête de sens* (2015), a ajouté : « Ah ! c'est toi le grand blond, j'ai rêvé de toi ! », j'ai su que cette rencontre n'était pas comme les autres. Marc est l'un des hommes pour lesquels je ressens un amour profond. C'est un bon mélange d'admiration, de respect et de curiosité. Il fait partie des personnes avec lesquelles je me sens bien, sans avoir besoin de faire quoi que ce soit de particulier. Nous pouvons parler des heures, rester assis en silence, construire une cabane pour son cochon ou faire du pain. Notre présence nous suffit. Marc n'est pas la première personne qui a eu cet effet sur moi. Certes, ces rencontres sont rares, mais elles existent bien plus que ce que l'on croit, si on a le courage de suivre son cœur. Avoir fait la connaissance de Marc et de Malory lors de ce week-end a été un moment important dans ma vie. Je ne peux remercier assez Maxime de l'avoir organisé et de m'avoir invité.

Voici un aperçu de ce que Marc de La Ménardière souhaite partager avec le monde

Se connecter à des personnes à un tout autre niveau que celui imposé par nos codes sociaux est encore nouveau pour moi. Ce sont des rencontres que l'on ne peut pas prévoir. Elles arrivent au bon moment, toujours. Et elles sont assez simples à reconnaître. Votre corps exprime clairement que vous êtes arrivé chez vous. Est-ce que nos âmes ont déjà vécu d'autres vies ensemble ? Peut-être bien, peut-être pas. Finalement, ce n'est pas si important de comprendre ce qui se passe. Savoir que ces personnes existent m'aide à mieux accepter ma propre présence. Elles m'aident à me sentir moins seul. Je ne sais pas si nous allons réaliser de grands projets ensemble, ou si nous allons simplement passer quelques moments, assis l'un à côté de l'autre à refaire le monde. À chaque fois que je retrouve un frère ou une sœur d'âme, ma foi en quelque chose de plus grand, appelons-le « le Vivant », se renforce. Il existe bel et bien une force qui souhaite nous aider à explorer la totalité de notre potentiel. Aujourd'hui, je n'en doute plus.

Parfois, ces retrouvailles ont lieu pendant des événements particuliers, comme ce week-end à La Bourdaisière. Parfois c'est simplement en suivant mon intuition et en allant à la découverte d'un nouveau lieu, d'une pratique que je ne connaissais pas encore. C'est une de ces pratiques qui a pris une place importante dans ma vie actuelle, le jeûne. Surtout parce qu'il permet une renaissance de notre système immunitaire. Bien accompagnée, elle permet de vivre à plein corps le cycle naturel de régénération et de prendre conscience de ses addictions les plus tenaces.

Régénérer son corps (et les écosystèmes)

Changer notre alimentation permet de se reconnecter à qui nous sommes vraiment.

Valter Longo[1]

Pour aider les écosystèmes à se régénérer, le mieux que vous puissiez faire est de laisser faire la nature. Et si c'était pareil pour notre corps ? Et si je vous disais qu'il suffisait d'arrêter de manger pour que le corps se guérisse lui-même de maladies les plus coriaces ? Vous me prendriez certainement pour un fou. Nous avons l'habitude d'inventer des techniques plus sophistiquées les unes que les autres pour nous attribuer les mérites de cette guérison. Je ne cache pas que sans la médecine moderne, j'aurais certainement déjà perdu un bras, une main et je serais peut-être mort déjà trois fois. Mais ce que j'ai appris ces dernières années m'a tout de même permis de remettre en question profondément certaines croyances bien ancrées en moi. Non, aucun médecin ne guérit une fracture d'un os. Il crée simplement les conditions optimales pour que le corps puisse ressouder les parties. Car c'est bien le corps qui fait tout le boulot.

Un écosystème qui a subi un dérèglement (notre corps est bel et bien un écosystème à lui tout seul)

1. Professeur de biologie à l'USC Leonard Davis School of Gerontology, spécialisé dans le jeûne thérapeutique.

a besoin de temps pour se régénérer. Ce processus s'effectue naturellement, si vous acceptez de mettre à disposition l'énergie nécessaire. Grâce à de nombreuses découvertes scientifiques et progrès médicaux, nous pouvons accompagner ce processus, mais si vous continuez à manger des produits difficiles à digérer et que vous ne pouvez pas vous empêcher de penser à dix mille projets à la fois, l'énergie n'est pas disponible pour vous guérir.

Laisser opérer la magie du vivant

La régénération est un processus naturel qui se met en place dès qu'on laisse faire les choses et qu'on arrête d'intervenir à tout prix. Avant de comprendre, par le jeûne, que cela fonctionnait pour mon propre corps, j'ai pu en être témoin sur les trois hectares de terres qui entourent les bâtiments de la petite ferme familiale. J'ai commencé le potager à l'âge de cinq ans en labourant 1 m^2 de terre pour y planter un plant de tomate. Pendant de nombreuses années, j'ai retourné la terre et bâché les surfaces afin de lutter contre les mauvaises herbes. Depuis cinq ans maintenant, j'ai complètement changé d'approche afin de respecter la vie dans le sol et d'augmenter la biodiversité dans cet écosystème.

Environ un hectare est particulièrement en pente et il est pratiquement impossible d'y cultiver quoi que ce soit. Nous avons donc laissé la nature faire. Aujourd'hui je préfère dire que nous avons laissé la magie opérer, car la transformation de cette parcelle est incroyable. Ce qui était une simple prairie est aujourd'hui une jeune forêt de chênes magnifiques. Aucun arbre n'a été planté. Ce sont les geais et autres animaux qui se sont occupés de la reforestation. Les ronces ont commencé par recouvrir une grande partie de la surface et ont disparu au fur et à mesure que les arbres ont grandi. Comme nous avions planté des fruitiers à proximité, les oiseaux se sont occupés de la diversification de cette nouvelle forêt en cachant quelques pépins de prunes par-ci par-là. Sans que nous ayons eu besoin d'intervenir, la nature s'est régénérée d'elle-même en une trentaine d'années.

Nous aurions pu accélérer ce processus en plantant nous-mêmes des arbres plus âgés, cependant cela aurait impliqué un investissement financier et du travail d'entretien. Sans oublier qu'aucun arbre ne pousse mieux sur un terrain que celui qui s'est enraciné sur place dès son éclosion.

Pourtant, avec l'urgence écologique à laquelle nous sommes confrontés, filer un coup de main à la nature semble indispensable. Non pas pour la sauver, mais pour sauver les écosystèmes dans lesquels l'être humain peut survivre. Des déserts peuvent se transformer en oasis. C'est aussi la mission que s'est donnée Ecosia. Lors de mon voyage en Tanzanie, j'ai été touché par la volonté des locaux de prendre soin de leurs terres. Mais le projet le plus impressionnant à mon sens est celui qui lutte contre la désertification au Burkina Faso, mis en place par l'association Hommes & Terre, et qui a déjà restauré plus de 14 000 hectares (15 millions d'arbres plantés)[1] : grâce à un design en permaculture élaboré, la rétention de l'eau de pluie permet la régénération de grandes zones. Au lieu de migrer vers des régions plus vertes et d'abandonner leurs terres, les populations peuvent ainsi relancer l'économie locale. Les forêts comestibles et potagers qui prennent à nouveau racine permettent à des villages entiers de subvenir à leurs besoins.

Je vous invite à découvrir les images sur le compte Instagram d'Ecosia. C'est magnifique

1. Plus d'informations sur le site Internet d'Ecosia : https://fr.blog.ecosia.org/burkina-faso/

Je me permets de faire ce détour car j'ai appris avec le temps que notre corps est à l'image de cette parcelle que ma famille a décidé de laisser tranquille. Être à l'écoute du processus naturel de régénération et empêcher notre ego de l'ignorer est l'une des choses les plus importantes pour retrouver sa vitalité. Vivre pleinement une phase de « dépression » m'a permis de renaître et de laisser mourir ce que je ne souhaitais plus expérimenter dans ma vie. Il fallait que je puisse regarder en face cette partie sombre afin de la reconnaître et de lui donner de la place. D'après moi, c'est uniquement en donnant de la légitimité à notre propre souffrance que nous pouvons apprendre à vivre avec.

J'arrête de (sur)consommer

À l'image de cette capacité surprenante de la nature à se régénérer si on la laisse faire, le jeûne, cette technique ancestrale utilisée dans de nombreux pays, notamment en Russie et en Allemagne, pour guérir des maladies graves, m'a impressionné. Une étude réalisée auprès de 1 422 personnes par la clinique Buchinger Wilhelmi, première clinique privée au monde spécialisée en jeûne thérapeutique, a conclu que pour 85 % des participants le jeûne avait provoqué une diminution remarquable de maladies comme l'arthrose ou le diabète[1]. Plusieurs documentaires disponibles sur Internet présentent en détail ce qu'il se passe dans notre corps en cas de jeûne.

Je vous invite à regarder cette conférence de Sandrine Lefoye avec laquelle j'ai réalisé mon dernier jeûne

J'ai été surpris de voir à quel point cette technique est similaire à une « mort » symbolique. La douceur de cette approche me plaît beaucoup. Pas d'initiation violente, pas de prise de substances ou de mise en danger, pas de voyage à l'autre bout du monde. Il suffit de renoncer à ce que la culture française a mis sur un piédestal : manger trois fois par jour. Prendre conscience de mes manques, de mes addictions, et donner une chance à mon corps de se régénérer tout en essayant d'en prendre soin a changé ma vie. Cela ne veut pas dire que j'ai besoin de renoncer à tous les délices que l'on peut trouver dans nos commerces. Le grand gourmand que je

1. Françoise Wilhelmi de Toledo, « Safety, Health Improvement and Well-Being during a 4 to 21 Day Fasting Period in an Observational Study Including 1 422 Subjects », PloS ONE, 14, 2019.

suis serait bien trop frustré. Mais ce confinement volontaire de mon corps, au moins une fois par an, m'aide à trouver un juste équilibre et à profiter d'autant plus des cafés, chocolats et compagnie.

J'ai réalisé mon premier jeûne il y a près de dix ans. Ma curiosité m'avait encore une fois inscrit pour un stage sans que je sache vraiment à quoi m'attendre. J'ai par la suite jeûné à plusieurs reprises, notamment pendant ma quête de vision. Ne rien manger ni boire pendant quatre jours a été un vrai défi pour mon mental. J'avais peur et je ne pensais pas qu'il était possible de survivre sans boire pendant plus d'un jour. Cela est bien entendu totalement déconseillé si ce n'est pas accompagné par des professionnels expérimentés et dans un cadre bien précis. D'ailleurs, mon tout premier stage « Jeûne et randonnée » ne s'est pas particulièrement bien passé. Mon corps a modérément réagi à la privation de nourriture, malgré les nombreuses courbatures liées à la privation de sucre, mais l'accompagnement ne m'a pas mis en confiance. L'animatrice était tombée malade quelques jours avant le début du stage et avait proposé à une amie beaucoup moins expérimentée de la remplacer.

Mon dernier jeûne, je l'ai réalisé juste avant le premier confinement lors de la pandémie de Covid-19 en mars 2020. Heureux hasard, car cette technique permet de rebooter son système immunitaire. Sandrine

Lefoye, l'animatrice, a lancé dans le Tarn un centre de naturopathie qui s'appelle « Les belles humeurs ». L'élégance du lieu, la bienveillance de Sandrine et la qualité de l'accueil ont donné lieu à une rencontre exceptionnelle. Sa sensibilité pour le chamanisme et la modernité de son approche m'ont impressionné.

Je suis arrivé dans le Tarn depuis trois jours. La vieille bâtisse est accueillante, le feu de cheminée crépite dans le salon. Nous sommes un petit groupe de jeûneurs, quatre personnes et deux accompagnants. Sandrine le préfère ainsi. Tout simplement parce que pour elle, un petit groupe permet réellement de se sentir comme à la maison. C'est un peu comme si on était invités chez elle. La déco du lieu est simple et chaleureuse à la fois. Je me sens bien. Lors des premiers jours, le corps se met en mode « détox ». Il doit comprendre qu'aucune nourriture externe ne viendra l'alimenter. Il doit « switcher » de mode. Afin d'éliminer les toxines, nous faisons une longue balade tous les jours. Vasko, le chien de Sandrine, nous accompagne.

Après quatre jours de jeûne, je commence à éprouver un sentiment doux et léger. Ça ressemble beaucoup à l'état dans lequel j'étais lors de ma quête de vision et pendant mon initiation au Mexique. L'intensité n'est pas la même mais je me sens plus « moi », connecté à tout ce qui m'entoure. Les couleurs sont un peu plus intenses, les odeurs et les bruits aussi. Je peux facilement me concentrer sur les différents *stimuli*. Une autre impression particulièrement surprenante commence à revenir (je dis « revenir » parce que celle-ci a été très présente après mes différentes expériences chamaniques) : je regarde autour de moi et j'ai l'impression de « savoir » pourquoi tel objet est placé à tel endroit. Comme s'il y avait une logique sous-jacente, une raison profonde pour laquelle le monde est comme il est, à ce moment précis. Tout ce que j'observe est à l'image de ce qui se passe en moi. C'est comme si je regardais constamment dans un miroir. Je « sens » que le hasard n'existe pas. Je perçois que la scène qui se joue devant moi s'est déjà jouée à différentes époques et que la seule chose qui a changé est le niveau de conscience des personnes présentes. Cette claire conscience (je n'ai pas d'autres mots pour décrire cette sensation) est un peu perturbante. Si vous m'aviez donné ces phrases à lire il y a une dizaine d'années, je vous aurais pris pour des fous. Ce qui me rassure, c'est que je me sens pleinement à ma place, complètement incarné, sans aucun doute sur ma santé mentale.

Les journées s'enchaînent et j'ai presque envie de prolonger le jeûne au-delà des sept jours. En même temps, je me rappelle ce sentiment jouissif d'ingurgiter les mets délicieux de la gastronomie française. Se nourrir est un besoin vital, manger est un plaisir que l'on découvre à partir du moment où l'on s'en prive. Le premier « repas » que Sandrine nous prépare pour relancer notre système digestif me paraît digne d'un restaurant étoilé. Non seulement il est préparé avec grand soin et délicatesse mais le manque rend les goûts particulièrement intenses. C'est une expérience unique que je vous invite sincèrement à tenter, si vous ne l'avez pas encore fait.

Si j'ai aussi bien vécu ce jeûne, c'est notamment grâce à mon alimentation équilibrée et à la descente alimentaire que j'ai réalisée à la lettre. Arrêter de manger d'un jour à l'autre peut être très violent pour notre corps. C'est pourquoi un protocole est mis en place afin de réduire, un jour après l'autre, les apports alimentaires. On termine avec des légumes cuits à la vapeur, des tisanes et des bouillons (sans sel). Au vu de mon parcours, vous vous doutez que je suis plutôt l'élève modèle quand il s'agit de préparer une telle expérience. J'ai remarqué que le plus important pour profiter des bénéfices du jeûne ressemble beaucoup à ce que j'ai vécu dans le sport professionnel : la récupération. La reprise alimentaire permet de réintroduire lentement les différents aliments, un jour après l'autre. C'est aussi le moment d'adapter son alimentation, de ne plus consommer certains produits, comme le café, le tabac ou certains sucres et viandes, et d'écouter votre corps. Celui-ci est nettoyé, vous avez la chance de relancer la machine. Si vous consommez de nouveau des produits addictifs ou difficiles à digérer (de la viande rouge par exemple), vous pouvez vivre un sale moment et, pire encore, effacer tous les bénéfices des journées passées.

Ce qui a rendu ce stage unique est une technique puissante qui mérite un chapitre à elle seule. Je ne serais pas l'homme, ni le père, que je suis aujourd'hui si elle ne m'avait pas aidé à autant m'apaiser intérieurement.

Réunir sa famille intérieure

Le mouvement qui a lieu intuitivement va réunir les deux parties qui ont été séparées.

Bert Hellinger[1]

Assis sur un canapé moelleux, je les observe. Ils sont là, devant moi, à quelques mètres. Ils ne bougent pas, recroquevillés sur eux-mêmes. Mon arrière-grand-père semble particulièrement souffrir. Son visage est torturé. Rien qu'en les regardant, je peux ressentir sa souffrance. Mon grand-père, lui non plus, ne bouge pas. Mon père, quant à lui, semble perdu. Il ne comprend pas ce qui se passe. Un enfant enfermé dans sa solitude émotionnelle. Jamais je n'aurais cru qu'une mise en scène aurait pu avoir un tel impact sur ma propre vie de père.

1. Interview de Bert Hellinger par Dyrian Benz disponible sur YouTube.

Le plus important pour profiter des bénéfices du jeûne ressemble beaucoup à ce que j'ai vécu dans le sport professionnel : la récupération.

@ferdinandrichter

Depuis plusieurs mois, j'essayais de me préparer au mieux à cette nouvelle vie qui m'attendait. Malgré mes efforts, j'avais l'impression de manquer d'une pièce essentielle du puzzle. Quelque chose ne m'avait pas été transmis. On m'avait donné les clés d'une voiture alors que j'ignorais même l'utilité d'une clé. Comment ouvrir une porte si personne ne vous a expliqué comment fonctionne une serrure ? Une phrase avait surgi lors d'un stage de respiration : « J'ai peur d'être père parce que j'ai peur de ne pas pouvoir être présent. » Qu'est-ce que cela pouvait bien signifier ? Je n'en étais pas vraiment sûr. C'est en voyant les hommes de ma famille devant moi, joués par de parfaits inconnus, que j'ai pris conscience de ce qui se passait pour moi. Élisabeth, l'animatrice de la constellation familiale, regardait avec attention ce qu'il se passait. Si je devais expliquer cette approche thérapeutique, je dirais qu'il s'agit d'une mise en scène réalisée par de parfaits inconnus qui suivent leurs intuitions pour mettre en lumière les liens entre les membres d'une famille. Plus ou moins conscient, ce jeu d'acteurs peut apporter de vraies révélations sur le présent ou le passé de la personne qui formule la demande.

Élisabeth marchait lentement autour des personnages. Lors d'un entretien préalable, j'avais précisé ma demande : je souhaitais éclaircir les liens entre mes ancêtres masculins. Alors que les autres participants se trouvaient dans une pièce voisine, j'avais choisi trois pierres qui allaient représenter mon père, mon grand-père paternel et mon arrière-grand-père. Des dizaines de pierres précieuses étaient étalées avec soin sur une petite table d'appoint dans un coin de la pièce. J'ai choisi un peu au hasard. Élisabeth m'a demandé de poser les trois pierres sur le rebord de la cheminée et de m'asseoir sur le canapé. En entrant dans la pièce, les « acteurs » ont choisi l'une des trois pierres sans pour autant savoir quel personnage ils allaient incarner. Sans parler, chacun était invité à suivre son intuition, à se positionner dans la pièce, à bouger, à être à l'écoute de son corps. Accroupi, allongé, debout, sur une jambe, figé, en mouvement, aucune posture n'était interdite. Au fur et à mesure que la scène prenait forme, Élisabeth posait des questions pour mettre en conscience ce qui était en train de se dérouler.

Au bout de quelques minutes, les trois hommes (dont deux joués par des femmes) sont restés figés, sans être en contact physique, et visiblement dans des postures désagréables. J'avais l'impression que chacun était tellement préoccupé par sa propre souffrance qu'aucun lien n'était possible. Recroquevillés sur eux-mêmes, ils essayaient au mieux de supporter la situation présente. Emprisonnés dans leur douleur passée, ils semblaient avoir beaucoup de difficultés à être présents dans la joie, à être présents l'un à l'autre.

Tout ce que je partage avec vous en dit bien plus sur moi-même que sur ces trois hommes. Mes projections se mélangent certainement à leur réalité. Les traumatismes liés à la guerre, la rigidité émotionnelle et les blessures anciennes ne sont pas inhabituelles dans les familles allemandes. La mienne n'est pas une exception. J'ai pris conscience que ce n'était pas par manque d'amour que le lien émotionnel entre les hommes de ma famille avait du mal à exister, mais par protection personnelle. Nous sommes tellement occupés à supporter nos douleurs que nous n'avons plus la capacité de nous ouvrir aux autres. Notre corps, pour se protéger de ce que nous considérons comme une attaque extérieure, se rigidifie. Telle une armure, nos muscles protègent nos organes vitaux. Rester relâché dans une telle situation est contre-intuitif. Si la fuite ou l'attaque ne sont plus possibles, nous devenons des statues de marbre. Nous faisons semblant d'être inanimés. Et si nous ne prenons pas conscience que le danger est passé, nous pouvons garder ces postures, juste au cas où il reviendrait.

Si je bouge, je suis mort

Cela me rappelle une situation dans laquelle j'ai exactement vécu cette forme de terreur. Pendant mon service militaire, j'ai été envoyé six semaines à la frontière entre l'Autriche et la Slovénie. C'était l'hiver, il faisait un froid de canard. L'armée autrichienne avait comme responsabilité d'arrêter les immigrants illégaux (aujourd'hui, je parlerais plus de réfugiés) qui essayaient de rejoindre l'Allemagne et l'Angleterre essentiellement en passant par la capitale autrichienne. En effet, cette dernière se situe à seulement 20 km de la frontière. Atteindre une métropole était pour eux une garantie de ne pas être retrouvés par les forces de l'ordre. Sans papiers, portant leurs biens essentiels dans des sacs en plastique, ils essayaient par milliers de rejoindre un monde meilleur. Fuyant la guerre ou la persécution pour diverses raisons, les réfugiés avaient la plupart du temps donné leurs dernières économies à un passeur qui leur permettait de traverser la petite rivière servant de frontière naturelle entre les deux pays. De jour comme de nuit, nous gardions cette ligne imaginaire, équipés de fusils automatiques chargés à balles réelles et de lunettes à vision nocturne. Les postes de garde étaient équipés d'un petit poêle à bois. J'avais dix-sept ans et je me sentais à la fois excité par l'intensité de cette aventure mais aussi complètement dépassé par les événements.

Une nuit, j'étais assis à l'intérieur de notre cabane en bois, à fredonner des chansons afin de faire passer le temps. À tour de rôle, nous nous réchauffions un peu avant d'effectuer notre tour dans la noirceur de la nuit glacée. Je luttais contre le sommeil. Le cri qu'a poussé mon camarade m'a glacé le sang. Je ne m'y attendais pas. Je n'avais jamais entendu autant de peur et de terreur dans un seul son. Mon imagination s'est mise à tourner dans tous les sens : il est tombé sur un passeur qui lui a mis un couteau sous la gorge ; ou, pire encore, quelqu'un braque une arme à feu sur lui. Un seul cri et puis plus rien. Il était peut-être mort et les assaillants étaient en train de planifier l'assaut de ma cabane. La peur me figeait. Je n'arrivais pas à bouger un seul doigt. Il est étonnant d'observer à quel point on a l'impression de devenir invisible dans ces situations, comme si le fait de ne pas bouger nous faisait disparaître de la surface de la Terre. Ça dure quelques minutes jusqu'à ce que l'on remarque que l'on est bien présent, au même endroit, et que la situation n'a pas changé.

Le dénouement de cette histoire risque de vous faire sourire. Aucun assaillant, réfugié désespéré ou loup-garou n'avait déclenché le cri de mon binôme. Quand la température baisse, la glace des marécages craque comme si quelqu'un marchait dessus : un bruit particulièrement proche de notre position avait déclenché ce moment de terreur. J'ai fini par trouver le courage de sortir de ma cabane pour vérifier si tout allait bien. Mon collègue était devant la porte, il m'a regardé comme si rien ne s'était passé. Par honte d'avoir crié aussi fort, il n'avait pas osé venir me rassurer. Mon corps s'est relâché doucement et nous avons rigolé de la situation.

Si le choc est trop violent, on peut rester figé, oubliant même le traumatisme initial pour lequel on s'est mis dans cette posture d'alerte maximale. Nous pouvons rester emprisonnés dans le passé, notre mental rejouant encore et encore les situations vécues. Sans aide extérieure, il peut être difficile d'en sortir. Je pense que les constellations familiales sont un outil puissant pour aider dans de telles situations, dans la mesure où vous pouvez influer sur les postures et les comportements des personnages : en dévoilant l'identité des uns et des autres, Élisabeth provoque des changements d'attitude, par exemple. Un simple : « Regarde, c'est ton fils » permet de recréer un contact visuel. Toujours assis sur mon canapé, j'étais impressionné par la capacité des participants à vivre pleinement leur rôle. Sans connaître ne serait-ce que le plus petit détail de mon histoire familiale, ils réussissaient à mettre en lumière une situation qui semblait parfaitement y correspondre.

Lentement, avec beaucoup de bienveillance et de douceur, Élisabeth invite les acteurs à changer de posture, à se détendre, à lever le regard. Après chaque intervention, elle laisse la scène se dérouler à nouveau. Je ne me rappelle plus exactement tous les détails. Le plus important a été la scène finale qui m'a mis les larmes aux yeux : mon arrière-grand-père se tenait derrière son fils, mon grand-père, et avait mis les mains sur les épaules de ce dernier. Mon père, quant à lui, était debout devant son père, avec à son tour les mains de celui-ci sur ses épaules. La lignée des hommes de ma famille prenait forme. C'est à ce moment qu'Élisabeth m'invita à les rejoindre, un peu comme si les comédiens me proposaient de monter sur scène pour participer au spectacle. À la différence que mon rôle consistait à être moi-même, Ferdinand, le fils, le petit-fils, l'arrière-petit-fils. Les visages des hommes que je voyais devant moi étaient relâchés et souriants. Je sentais la puissance du lien qui les unissait. « Avez-vous quelque chose à lui transmettre ? », a demandé Élisabeth à mon père. Celui-ci a tendu ses bras et a ouvert ses mains. J'ai vu la pierre que j'avais choisie pour représenter mon père. Elle avait la forme d'un cœur, rouge sang. J'ai été surpris par la puissance de ce geste. Mes projections et mon imagination ont suffi à libérer les émotions qui m'empêchaient de bouger librement. Les larmes se sont mises à couler et j'ai accueilli en toute vulnérabilité le cadeau qu'on venait de me faire.

Je n'ai jamais connu mon arrière-grand-père et je n'ai pas passé beaucoup de temps avec mon grand-père. Jamais je n'aurais cru pouvoir reprendre contact avec eux. La symbolique de cette transmission du cœur m'a profondément touché. Je me suis senti apaisé, soutenu, comme rarement auparavant. Je me suis senti prêt à devenir père à mon tour.

Nous n'avons pas toujours la chance de pouvoir parler avec les personnes concernées des relations familiales qui nous ont construits. Parfois les personnes sont décédées, parfois elles refusent de nous parler, parfois la douleur est trop grande. Le travail réalisé avec Élisabeth m'aura permis de mieux comprendre d'où venait ce vide que je ressentais vis-à-vis des hommes de ma famille. La colère qui était la base de notre relation avec mon père s'est mue en bienveillance et en compassion. Mes ancêtres continuent à vivre en moi. Ils constituent ma famille intérieure. Je sens leur présence et, dorénavant, je sens leur soutien. Je ne suis pas seul et je peux transmettre à ma fille ce que j'ai reçu de leur part, mon cœur sur ma main.

Si vous aussi vous souhaitez vivre une telle expérience, découvrez les stages que propose Élisabeth Bazin

Réconcilier ses énergies masculines et féminines

Si l'ego est prévisible,
je pratique l'imprévisible en dansant.

Gabrielle Roth[1]

Au fur et à mesure de mes explorations intérieures, j'ai découvert à quel point ces deux énergies, le masculin et le féminin, le yin et le yang, le Ciel et la Terre, appelez-les comme vous voulez, étaient présentes en moi. Si vous souhaitez les explorer en vous, je ne peux que vous recommander la

1. Interview de Gabrielle Roth sur YouTube : « An Interview from her NYC Apartment », 2009, en ligne : www.youtube.com/watch?v=LNFZjZXis4w.

danse. Je ne parle pas de valse, de tango ni de toute autre danse de salon. Je parle du mouvement libre qui peut s'exprimer dans notre corps grâce à la musique. Un mouvement qui ne correspond pas forcément à une norme sociale. Il n'y a pas de « pas », de chorégraphie à respecter ou de cours à prendre. Il n'y a pas « ça, c'est l'homme » et « ça, c'est la femme ». Il y a simplement votre corps qui réagit à la vibration du son. Il suffit de fermer les yeux, de se concentrer sur ses impulsions et d'observer ses membres bouger.

Laissez-moi partager avec vous une danse que j'ai particulièrement aimée. Nous étions une douzaine de participants dans la pièce, la musique s'enchaînait et nous avions commencé par du « shaking », un tremblement volontaire de toutes les parties du corps au rythme de la musique. Debout, les yeux fermés, sans déplacer les pieds, je me suis mis à secouer mes jambes, mes bras, mon bassin – tout mon corps s'est mis à trembler. D'abord doucement et puis de plus en plus fort afin de relâcher tous mes muscles. Que ce soit dans le yoga ou dans les méditations d'Osho, le shaking est une technique que j'apprécie beaucoup car elle permet de se débarrasser de blocages physiques et émotionnels. Depuis la découverte de cette pratique, je tremble un peu tous les matins avant de commencer ma journée.

Après une vingtaine de minutes, le groupe est invité à changer d'intention et à laisser libre cours aux mouvements du corps. Cela peut vous paraître long mais pour désamorcer le contrôle exercé par notre mental et notre peur du ridicule, un peu d'intensité physique peut aider. Souvent je garde les yeux fermés, pour commencer. Malgré toutes mes expériences, je peux toujours avoir honte d'exprimer ainsi qui je suis. Trop facilement je m'adapte à l'autre, à son rythme, à ses mouvements pour m'inclure dans la danse. En fermant les yeux, je reste focalisé sur ce qui se passe en moi et, plus important encore, sur ce qui souhaite s'exprimer à travers moi. Une fois que je sais ce que je suis, j'ouvre les yeux pour le partager avec les autres et me relier au groupe.

Je ne me rappelle plus exactement la musique. Je me sentais bien ancré, dans ma puissance, posant un pied après l'autre. J'étais le guerrier qui avançait sereinement. Je n'éprouvais aucun doute, je connaissais cette énergie. Je la vivais depuis des années. Mais je n'étais pas en train de me battre. J'étais le gardien de l'espace sacré, prêt à protéger ceux qui exprimaient leur vulnérabilité. J'étais le capitaine d'équipe, le grand frère, l'amoureux, le chef du clan. J'avais commencé à danser autour d'une femme qui enchaînait des mouvements fluides et extatiques. J'avais l'impression de la protéger et de l'inviter à lâcher prise. Je sentais comme elle rentrait de plus en plus dans sa transe. Elle était magnifique et ça a été un privilège d'accueillir cette beauté en mouvement.

Quelques minutes plus tard, une nouvelle musique m'a invité à changer de sens. J'avais à nouveau fermé les yeux afin de ressentir au mieux ce que ces ondes allaient provoquer en moi. Mon bassin s'est mis à tourner en rond et à bouger de gauche à droite. Je sentais comme il se libérait avec chaque mouvement. La musique m'entraînait de plus en plus et j'ai pris conscience de ce que j'étais en train de faire. Mon corps réalisait une danse du ventre. Sensuelle, féminine, quelle magnifique sensation ! Mon ego a essayé quelques instants de retenir ce que j'étais en train de devenir. Le sentiment de ridicule s'est dissipé et je me suis autorisé à explorer de plus en plus cette énergie. Jamais auparavant je n'avais réussi à libérer autant mon bassin, à relâcher mon ventre et à exposer avec fierté ma sensualité. Mes mains ont rejoint la danse en tournoyant en l'air. L'instant d'une danse, je me sentais entièrement femme.

Accueillir toutes ces énergies complémentaires en moi a provoqué un sentiment profond d'unité. Aujourd'hui, grâce à ce genre d'expériences, j'apprends à ne plus avoir honte de ce que je peux ressentir, à accepter ma part masculine autant que ma part féminine. Je n'ai plus besoin d'être ceci ou cela pour être un homme. D'ailleurs, qu'est-ce que cela veut dire, être un homme ? Qu'est-ce que cela veut dire, être une femme ? Quel sens donnez-vous au terme « masculin », à la féminité ? Toutes ces questions sont passionnantes car elles commencent de plus en plus à résonner chez chacun d'entre nous. Au fur et à mesure que nous reconnaissons la beauté unique de chaque individu, nous déconstruisons nos croyances et nos stéréotypes. C'est un vrai soulagement et une responsabilité que nombre d'entre nous ont peur d'assumer. Il est beaucoup plus simple de correspondre à la norme et aux attentes de notre culture.

En choisissant d'intégrer les chasseurs alpins et le rugby professionnel, je n'avais pas conscience que je me plongeais dans deux milieux particulièrement arrêtés sur ces définitions. J'avais certainement besoin de m'identifier quelque temps à cet idéal d'homme. Le gladiateur qui ne vit que pour l'honneur, la fierté et la gloire. L'humanité a eu besoin de ces hommes. Je pense que nous avons désormais davantage besoin d'être des gardiens, plutôt que des guerriers. Nous n'avons plus le luxe de nous battre contre une partie de l'humanité. Nous devons avoir le courage d'unir nos forces afin de prendre soin de celle qui nous a donné naissance, notre Terre Mère.

Mes mains
ont rejoint la danse
en tournoyant en l'air.
L'instant d'une danse,
je me sentais
entièrement femme.

@ferdinandrichter

Nous sommes nombreux à vouloir remettre en question la société pour créer un avenir meilleur. Les mouvements féministes, l'énergie du féminin sacré font une grande partie du travail. Mais qu'en est-il des hommes ? Comment pouvons (devons)-nous nous positionner dans ce monde qui change ? À l'image de nos ancêtres, pouvons-nous toujours aller chasser et conquérir des territoires nouveaux ? Ne devrions-nous pas d'abord laisser la place, pour éviter une lutte de pouvoir ou de force, plutôt que de demander à l'autre de la gagner ou de la mériter ? La vie est fragile : et si nous utilisions nos forces pour la protéger et en prendre soin ? Réinventer la notion du « masculin » afin de revoir nos priorités est un chemin qui n'est pas toujours facile, tant nous sommes habitués à certaines vérités. Pensez-vous que nous avons un autre choix que de les remettre en question ? Je ne crois pas. Un chapitre ne suffira certainement pas pour faire le tour de la question, mais je m'autorise encore une fois à partir de mon expérience personnelle pour vous inviter à réinventer votre définition du masculin.

étape 5

RÉINVENTER SON MASCULIN

Comment puis-je être substantiel
si je ne projette aucune ombre ? Je me dois
d'avoir une face obscure si je veux être complet.

Carl Gustav Jung[1]

Ce dernier chapitre est celui qui me tient le plus à cœur, parce que je suis en train de le vivre. Ce n'est pas une histoire que je peux vous raconter. Ce n'est pas un projet ou une réalité fictive. C'est devenu mon quotidien. Et qu'est-ce que je l'aime ! La crise sanitaire qui s'ajoute à nos nombreuses inquiétudes devrait peut-être m'inciter à me montrer moins optimiste. Je devrais m'alarmer et crier au secours. Excusez-moi si je n'en ai plus envie. Il y a tellement de choses à imaginer, à recréer, à redécouvrir. Il y a malheureusement des entreprises à démanteler, de nouvelles activités à inventer. Nous allons devoir accompagner de nombreux deuils et aider à libérer la souffrance émotionnelle. Je pense qu'un des enjeux majeurs de notre époque est d'aider de nombreux hommes à devenir adultes et des femmes à reprendre leur pouvoir.

1. Carl Gustav Jung, *L'Homme à la découverte de son âme*, Paris, Albin Michel, 1994.

L'ouverture du cœur, la capacité à accueillir avec amour et bienveillance toutes les émotions, a longtemps été une autre notion de développement personnel que je ne comprenais pas. Elle me mettait en colère parce que je ne savais pas comment y accéder. Pour moi, c'était un concept mental qui faisait acheter des livres à des personnes en quête de sens, et d'une certaine façon je faisais partie de celles-ci. Jamais je n'aurais pensé que le jour où j'ai fini par déconstruire toutes mes protections émotionnelles, où je me suis retrouvé à nu et impuissant face aux événements, j'allais toucher à cette notion si séduisante. C'est parce que j'ai appris à voir un traumatisme comme un coup de pouce imposé par quelque chose de plus grand que moi, non pas pour me faire du mal, mais bien pour me remettre sur le droit chemin, que j'ai su accueillir ce cadeau avec autant de résilience.

Si j'ai réussi à vous donner envie d'aller au bout de ce récit, alors je vous invite à prendre les prochaines pages comme la cerise sur le gâteau. Elle n'est pas nécessaire, mais elle peut faire toute la différence.

Je pense qu'un des enjeux majeurs de notre époque est d'aider de nombreux hommes à devenir adultes et des femmes à reprendre leur pouvoir.

@ferdinandrichter

Revoir ses priorités

L'éthique, c'est la dynamique des civilisations.
Boris Aubligine[1]

Quand on veut redonner du sens à sa vie et reconstruire un monde plus en harmonie avec ses aspirations, on peut être tenté par la solution radicale : tout jeter et recommencer à zéro. J'ai failli choisir ce chemin, renier ma famille, renoncer à mes amis et « passer à autre chose ». Tout ce qui me rappelait qui j'avais été devenait insupportable. J'avais peur de retomber dans l'ancien « moi », de retrouver mes démons et d'être cet homme insignifiant emprisonné dans ses névroses. Il m'aura fallu plusieurs années pour apaiser cette relation avec moi-même, et j'y travaille toujours. Car si les rites de passage vous invitent à devenir adulte en laissant mourir l'enfant que vous avez été, je pense qu'il est tout aussi important de lui laisser une place à l'intérieur de vous-même. Je ne partage plus la vision linéaire et simpliste du temps qui voudrait vous faire passer d'une expérience à la suivante, de l'enfance, à l'âge adulte, à la vieillesse. Nous avons tous en nous une part enfantine, innocente, et une autre plus responsable et sage. À l'image d'un jardin en permaculture, certaines parties plus réalistes me permettent de produire assez pour partager la récolte avec mes proches

1. Boris Aubligine, « Vidéo#3 : les 7 champs de l'éthique », vimeo, 2017.

et traverser les hivers sans avoir faim. D'autres parties sont des aires de jeu pour que mon enfant intérieur puisse jouer en pleine innocence, sans aucune pression de résultats. J'ai prévu un banc sur lequel le vieux sage, l'ancien et peut-être un jour le grand-père en moi pourront s'asseoir en paix pour prendre du recul, partager leur vision et se rappeler le bon vieux temps.

Avons-nous vraiment besoin de papier toilette ?

J'ai rencontré Boris lors de mon week-end au château de La Bourdaisière. Cet homme est surprenant. Débordant d'enthousiasme, il a la tête pleine de projets et de rêves ambitieux. Convaincus que notre société va s'effondrer et qu'il est impératif de prévoir l'après-pétrole, Boris et sa femme ont créé l'écolieu[1] Etika Mondo dans les Cévennes afin de former un maximum de personnes aux compétences nécessaires pour vivre en autonomie (production alimentaire et énergétique, gestion des déchets et de l'eau, autoconstruction et rénovation des bâtiments, fabrication d'outils).

1. Lieu de vie en collectif et de prise de soin des hommes et des écosystèmes, Gabrielle Paoli, Colibris le mouvement.

Pour participer à un stage avec Boris, inscrivez-vous sur ce site

Intrigué par ce nouveau mode de vie, à la fois effrayant et plein d'opportunités, j'ai décidé de rejoindre Boris pendant une semaine. Je voulais voir de mes propres yeux à quoi pourrait ressembler demain. Mes formations en permaculture m'avaient déjà donné une idée de cet univers, mais il me semblait intéressant d'aller encore plus loin. Je voulais savoir quels aspects de notre modernité allaient être indispensables pour construire un monde meilleur, lesquels pouvaient être démantelés, et lesquels devaient être complètement réinventés. J'aimerais ici attirer votre attention sur les choses auxquelles on ne pense pas au premier abord, pour la simple raison que, derrière un produit de consommation comme un rouleau de papier toilette, existent une industrie et de nombreux emplois. Cesser de l'utiliser au niveau national peut donc éviter une surconsommation de papier mais a forcément des conséquences pour de nombreuses familles. Je prends cet exemple parce que, malgré les toilettes sèches ou le compostage des excréments, le papier toilette est toujours présent sur l'écolieu. Pourrions-nous nous en passer ? Certainement, comme en Inde. C'est une question culturelle, qui fait néanmoins toute la différence car elle implique chacun d'entre nous dans sa plus grande intimité. Ce n'est pas un hasard si les rayons de papier toilette ont été dévalisés à l'annonce du confinement de mars 2020. Arrêter son utilisation pour des raisons écologiques demanderait un effort de persuasion monumental. Je pense qu'il y a d'autres priorités. Nous devons choisir rapidement ce dont nous pouvons nous passer afin d'utiliser notre énergie pour rendre le reste durable. Et oui, le papier toilette peut faire partie d'une économie circulaire si on applique les techniques de consommation responsable et de compostage proposées par Boris. Il en est de même pour les clous, les marteaux et tout autre outil (bricolage, jardinage, cuisine), les moyens de transport pour véhiculer matériaux et marchandises, Internet, ainsi que tous les sites de diffusion du savoir (moteurs de recherche, plateformes vidéo, réseaux sociaux), les panneaux photovoltaïques, les chaussures, les briquets, etc.

Quand on entend parler d'effondrement de notre société de consommation, on peut avoir l'impression que tout va disparaître. Ce n'est pas le cas. Si j'ai décidé de m'engager avec une start-up qui veut défier Google, c'est justement parce que je suis convaincu du bienfait d'Internet et d'un moteur de recherche pour la diffusion des connaissances et l'éducation. A-t-il besoin d'avoir comme seul objectif la maximisation des profits ? Je ne crois pas. Peut-il se mettre au service du vivant ? Ecosia en est la preuve.

Mon frère travaille pour un grand groupe allemand qui fabrique de l'outillage et de l'électroménager. Lors de nos échanges, il a évoqué à de nombreuses reprises sa frustration quant à l'aspect éthique de son activité. « Au final, je ne vends que des perceuses. » Je lui propose à chaque fois de penser à tous ces projets magnifiques qui régénèrent les écosystèmes, aux écolieux, aux fermes en permaculture : je parie que peu d'entre eux ne disposent pas d'au moins une perceuse. Développer des outils performants et ayant une longue durée de vie reste un besoin essentiel pour construire le monde de demain. À nous de réinventer leur utilisation. Nous pouvons emprunter, partager, acheter collectivement, mettre à disposition. Alors que la possession a longtemps été considérée comme une évidence, l'utilisation d'un bien sera certainement bientôt davantage mise en avant. De nombreuses entreprises ont déjà engagé cette transition de modèle économique. Les écosystèmes étant surexploités pour produire un nombre incalculable d'objets et de biens de consommation, nous allons devoir faire des choix, qui seront certainement frustrants pour certains. Chaque entrepreneur trouvera de nombreuses explications scientifiques pour démontrer que son produit est « essentiel ». L'est-il pour autant ?

Il est à mon sens primordial de considérer notre économie comme une structure écosystémique. Cela implique d'imaginer des alternatives pour ceux qui perdront leur emploi et qui devront arrêter la production. N'oublions pas que l'être humain a une capacité incroyable à apprendre de nouvelles choses et à s'adapter à un environnement incertain. C'est parfois effrayant et on peut se sentir complètement dépassé. Nous y arrivons tout de même, la plupart du temps.

J'ai décidé de garder mon activité de coaching parce que c'est ce que je sais faire de mieux. Rebondir sur ce que j'ai été m'a permis de ne plus accompagner la performance des grands groupes industriels, mais d'aider toutes celles et ceux qui cherchent à se réinventer. Nous ne sommes pas seuls dans cette aventure. Nous pouvons nous entraider afin de trouver les ressources nécessaires en nous. Parfois nous avons l'impression d'être dans un tunnel sans fin. Je suis passé par là. Le dicton « La vie continue » n'a jamais été aussi approprié que dans cette situation. Même si vous ne souhaitez pas vous lever, le soleil, lui, se lève tous les jours. Tel un kinésithérapeute lors d'une rééducation après une fracture, j'accompagne mes clients pour leur réapprendre à marcher, un pas après l'autre. Il ne s'agit plus d'atteindre un objectif pour réaliser un meilleur chiffre d'affaires. Il s'agit de se sentir plus en accord avec ses valeurs et de donner du sens à son existence au quotidien.

Nous avons une chance incroyable d'être sur Terre aujourd'hui : nous avons tous un rôle à jouer, que nous pouvons choisir et façonner en conscience. Écrire sa propre histoire plutôt que rester devant la télévision, à envier la vie de ceux qui ont osé. Quel magnifique projet, vous ne trouvez pas ? Alors oui, j'ai décidé de rebondir. J'ai décidé d'accepter une frustration temporaire afin de consommer plus localement, et de saison. J'ai décidé de faire le deuil de certains rêves car ils ressemblaient davantage à des souvenirs qu'à des scénarios justes pour mon avenir. Ce qui reste est une vie qui se remplit sans être gavée. Ce sont des rencontres ainsi que du temps pour ceux qui comptent particulièrement dans ma vie.

Renoncer au plaisir de conquérir

Si vous aimez une fleur, ne la cueillez pas.
Car si vous la cueillez, elle meurt et elle cesse d'être
ce que vous aimez. Donc si vous aimez cette fleur,
laissez-la vivre.
L'amour n'est pas une question de possession.
L'amour est une question d'appréciation.

Osho

Connaissez-vous l'étymologie du mot « conquérir » ? À chaque fois que mon attention se fixe sur un mot précis, un nom que je souhaite donner à un projet, une valeur qui prend une place importante dans la vie d'une personne, j'ai le réflexe de regarder son étymologie. C'est particulièrement intéressant pour mieux saisir son énergie sous-jacente. Si vous ne l'avez jamais fait, je vous invite à regarder celle de votre prénom. Ferdinand signifie « celui qui a le courage de faire la paix ». Avec le chemin de vie qui est le mien, je suis vraiment étonné qu'il me corresponde autant. Même si j'ai mis beaucoup de temps à l'apprécier.

« Conquérir » vient du latin *conquiere*, « chercher intensément à obtenir ». Cette obsession de posséder est omniprésente dans notre culture. Toute notre économie est structurée autour de notre addiction à la conquête. Nous voulons obtenir une promotion, une meilleure situation amoureuse, un nouvel objet à la mode qui finira quelques mois plus tard au placard. Notre ego est surstimulé en permanence. D'après moi, l'homme dont ce monde a besoin n'est pas un être qui cherche à conquérir et à dominer l'autre. Ce n'est pas un être qui cherche à obtenir, coûte que coûte, les richesses de ce que la nature a à offrir.

Je partage depuis treize ans ma vie avec ma compagne ; à plusieurs reprises, mon envie de conquérir et de partir à la découverte de nouveaux territoires (changer de métier, de pays, de projet de vie…) a failli détruire tout ce que nous avions mis tant de temps à construire. À l'image du guerrier en moi, le conquérant a besoin de laisser sa place. Je ne serais pas étonné d'apprendre que j'ai été conquistador dans une autre vie : un homme qui veut posséder la fleur mais qui prend conscience qu'en la cueillant, il la tue ; un homme séduit par ce qui brille mais qui réalise un jour que l'or ne se mange pas. Mon voyage et mon initiation au Mexique m'ont peut-être aidé à reprendre contact avec cette existence antérieure.

C'est cet homme qui commence à découvrir l'ampleur du problème : prendre conscience de la façon dont la société écrase et utilise l'énergie féminine en chacun de nous, celle qui est à l'origine de notre capacité à donner naissance, à éclore, me remue un peu plus tous les jours.

D’après moi, l’homme dont ce monde a besoin n’est pas un être qui cherche à conquérir et à dominer l’autre. Ce n’est pas un être qui cherche à obtenir, coûte que coûte, les richesses de ce que la nature a à offrir.

@ferdinandrichter

Redonner sa juste place au féminin

Nous sommes les petites-filles des sorcières que vous n'avez pas réussi à brûler.
Mona Chollet[1]

Ce n'est pas un secret, notre monde occidental est structuré autour des privilèges de l'homme blanc. Au-delà du sexe et de la couleur de peau, c'est tout un système de pensée qui est diffusé dans nos cerveaux dès le plus jeune âge. J'étais moi-même pris dans le piège de cette doctrine, étant tout simplement celui qui en bénéficie le plus, sans même le savoir. Tout a changé récemment, quand j'ai pris conscience que derrière mon apparence et mon corps humain masculin se cachait une âme bien plus complexe. À travers mes différentes expériences chamaniques, j'ai découvert en moi une vieille femme chamane, munie d'une énergie qui a souffert de nombreuses vies, sous l'emprise des envahisseurs blancs. J'ai découvert une femme forte, douce et puissante à la fois. C'est elle qui a guidé une grande partie de mes choix. Il semblerait qu'elle ait choisi de se réincarner dans celui qui l'a tant fait souffrir afin d'expérimenter l'autre côté du miroir et dans l'espoir de faire la paix. Elle n'est pas là pour accuser, pour reprocher à l'homme que je suis toutes les erreurs qu'il a pu commettre. Elle n'est pas là non plus pour se taire. En écrivant

1. Mona Chollet, *Sorcières. La puissance invaincue des femmes*, Paris, La Découverte, 2019.

ces lignes, j'ai le corps entier qui frissonne, j'ai les larmes aux yeux. Une partie d'elle avait déjà perdu l'espoir que je la reconnaisse un jour. Elle avait peur que l'homme fier, le guerrier, le conquistador n'aille jamais baisser les armes pour la prendre dans ses bras.

Voilà ce qu'elle me dit : « Je ne suis pas ici pour te faire peur. Je ne te veux aucun mal. Je veux simplement t'initier à la beauté de ce que tu détruis sur ton passage. J'ai envie que tu reconnaisses la violence avec laquelle tu accueilles ton être et avec laquelle tu essaies d'impressionner les autres, notamment les femmes. Je ne suis pas ici pour te demander de changer. Je suis simplement présente pour que tu puisses te pardonner le jour où tu ouvriras les yeux. Je suis ici pour t'accueillir dans toute ta vulnérabilité. Celle que tu essayes de cacher avec tant de force. Tu es beau. Tu es fort. Le monde a besoin de ça. Mais il a aussi besoin que tu acceptes la fragilité de ce que la vie essaye de mettre en forme. Arrête de vouloir contrôler la vie. N'aie pas peur de ma puissance. » Depuis plusieurs années, je donne de plus en plus de place à cette énergie féminine en moi. J'ai mis beaucoup de temps à l'accueillir, au point de douter de mon orientation sexuelle. Quand elle est présente, je peux poser un regard amoureux sur les autres hommes, ce qui me gêne toujours un peu. Je ne sais pas toujours quoi en faire. D'autant plus que peu d'hommes sont préparés à accueillir l'amour d'un autre homme sans se sentir ébranlés dans leur virilité.

En acceptant de développer le marché (je dirais plutôt le jardin ou l'écosystème) d'Ecosia en France, je me suis lancé le pari d'aller à la rencontre de cette partie de moi, même si à l'époque je ne savais pas encore en parler avec autant de précision. Elle m'a proposé de lâcher prise et d'arrêter de courir derrière des objectifs à atteindre. Elle m'a invité à dire oui aux synchronicités, ces coïncidences difficiles à expliquer mais qui tombent toujours bien, et à considérer la réussite de l'entreprise comme une conséquence et non comme quelque chose à planifier. Je comprends aujourd'hui que ce n'est pas un hasard si la plupart des partenariats que j'ai mis en place ont été avec des femmes puissantes qui cherchaient à rééquilibrer la balance. Cela fait cinq ans qu'une vieille âme, une femme chamane, déguisée en homme blanc, soutient toutes les sorcières qui n'avaient plus le courage de sortir de l'ombre. Les petites-filles des sorcières sont bien présentes dans notre société actuelle. Les petits-fils aussi !

Il est temps que je donne toute sa place à cette énergie que je sens grandir en moi. Il est temps que j'utilise mon envie et mes intuitions pour donner confiance, encourager, soutenir et inciter à oser celles qui ont l'habitude de devoir se justifier, d'avoir peur de la violence qu'elles peuvent rencontrer. Il est temps d'accompagner celles qui reconnaissent qu'elles se sont suradaptées à un monde construit pour favoriser l'épanouissement de l'homme blanc.

Depuis que ma compagne et moi avons accueilli notre fille dans ce monde, je prends encore plus conscience du fait que la posture du père est confortable. Tout semble excuser et justifier le manque d'investissement, voire l'absence quasi totale de celui-ci. Et, le plus étonnant : une grande partie des mères soutiennent toujours ce déséquilibre. Peut-être est-ce la peur de se retrouver seul avec l'enfant ? Il y a certainement autant d'explications que de couples. Ce que je peux vous dire, c'est que la naissance de notre fille a été un des événements les plus marquants de ma vie. Non pas parce que tout s'est bien passé. Au contraire. Je n'ai jamais vécu un traumatisme aussi violent. La vie, en l'espace de quelques heures, n'a jamais autant réduit en miettes toutes mes protections émotionnelles à la fois. Et en même temps, je n'ai jamais autant appris à dire simplement « merci ».

Se remémorer la fragilité de la vie

Le vrai pardon, c'est quand vous pouvez dire :
« Merci pour cette expérience. »
Oprah Winfrey[1]

En octobre 2020 est née ma fille après vingt heures de travail et une césarienne d'urgence. La violence avec laquelle j'ai vécu ce moment est en contradiction totale avec la joie que l'on est censé ressentir lors de la naissance de son enfant. Jamais auparavant je ne me suis senti aussi fragile, aussi vulnérable et dépassé. Depuis ce jour, j'ai raconté le déroulé des événements de nombreuses fois. Au début, la simple question : « Alors, comment ça va ? » provoquait en moi un effondrement émotionnel. Avec chaque personne qui était prête à entendre notre histoire, à ma compagne et moi, je réussissais à mettre davantage de mots. Nous nous étions pourtant bien préparés. Nous avions fait une préparation avec plusieurs sages-femmes, participé à des formations en ligne, ma compagne avait suivi une formation de yoga pré et postnatal, nous avions respecté la moindre intuition. Et malgré cela, rien n'allait se passer comme prévu. Pire encore, tout ce que nous avions voulu éviter, nous l'avons pris en pleine figure.

1. Kanika Gautam, « Oprah Winfrey's Inspiring Speech at Harvard : Failure & Life », Yourmotivationguru.com, 2016, en ligne.

Cela fait quatorze heures que nous sommes dans la chambre que les sages-femmes qui nous accompagnaient ont louée à l'hôpital. À chaque vague qui arrive, elle se tord de douleur. Je lui masse le dos, encore et encore. Je ne sais plus combien de fois j'ai posé mes mains sur ses lombaires. Elle souffle, écoute les conseils de la sage-femme. Les douleurs semblent différentes de ce qu'on nous avait décrit. Il n'y a pas de : « C'est bon, ça avance. » Notre fille est positionnée contre la colonne vertébrale de ma compagne, elle a la tête « en l'air ». Notre fille est un bébé rêveur, comme on nous l'expliquera plus tard. Un accouchement le plus naturel possible, c'est ce que nous avions voulu pour accueillir ce petit être dans ce monde. Ma compagne souffrant d'endométriose, une naissance à la maison était tout de même un peu risquée. L'accouchement en plateau technique nous semblait la meilleure des solutions. Il permet d'accoucher le plus naturellement possible en compagnie d'une sage-femme, sans médicaments ni péridurale tout en étant à l'hôpital. Une équipe médicale peut ainsi intervenir s'il y a des complications.

Les douleurs s'intensifient encore. Ilia et moi, nous nous connaissons bien. Je sais qu'elle est une femme forte qui ne recule pas devant la difficulté. La première fois qu'elle s'est évanouie à cause des douleurs de règles, j'ai pris conscience de la sévérité de la maladie. Cela fait cinq ans, depuis le diagnostic de l'endométriose, que nous avons tout mis en place pour vivre avec cette maladie qui questionne la femme dans ce qu'elle a de plus sensible : sa capacité à accueillir la vie. Nous avons instauré un régime alimentaire plus ou moins strict pour limiter les inflammations. Les douleurs peuvent être violentes. Et non, ce n'est pas normal de ressentir cela pendant les règles. Dix pour cent des femmes en France souffrent d'endométriose et il n'y a pas de traitement. L'opération est une solution proposée par le corps médical. Malheureusement, au stade où en était ma compagne, le risque d'abîmer son appareil reproductif et donc d'impacter sa fertilité était trop important. Nous avions envie de croire en autre chose. Nous avions envie de penser que la solution pouvait être de se reconnecter à son corps, à son intuition et à son envie d'accueillir la vie.

Ilia a toujours eu une peur profonde de mourir pendant l'accouchement. Cette maladie était-elle une façon inconsciente de se protéger contre cette peur en évitant de tomber enceinte ? Peut-être, peut-être pas. Quand l'un des médecins lui avait dit : « Vous n'allez jamais avoir d'enfant. Sauf si vous croyez aux miracles », quelque chose en elle s'était réveillé et l'avait mise tellement en colère

La première fois qu'elle s'est évanouie à cause des douleurs de règles, j'ai pris conscience de la sévérité de la maladie.

@ferdinandrichter

contre la violence de ces propos qu'elle m'avait dit : « Oui, j'ai envie de croire aux miracles. » Après de nombreux stages sur le féminin sacré, des accompagnements holistiques (ayurvéda, naturopathie, ostéopathie, acupuncture, médecine chinoise, énergétique...), un travail sur l'héritage transgénérationnel, une reconnexion à son cycle menstruel et une formation de yoga en Australie, le miracle avait eu lieu.

Peut-être que vous vous demandez pourquoi nous avons fait le choix d'un accouchement naturel et non pas médicalisé, comme c'est encore la norme en France. Je ne souhaite pas ici entrer dans les détails de tout ce qui se passe pour un enfant lors de sa venue au monde. À travers mes différentes expériences, notamment la respiration holotropique, j'ai seulement perçu à quel point nous sous-estimons l'importance du cadre dans lequel nous accueillons un nouveau-né. Le passage d'un environnement liquide, dans lequel tous ses besoins sont comblés grâce à une connexion directe avec le « tout », à un environnement où on lui demande de respirer, de se confronter à la lumière, aux sons, est unique en son genre. Plus jamais l'être humain ne pourra traverser un tel changement dans sa vie. Tout faire pour qu'il se fasse en douceur nous a semblé être le minimum. Nous ne voulions pas priver l'enfant de cette expérience en ayant recours à des techniques modernes qui facilitent ou accélèrent la naissance. Prendre le temps et s'écouter, tel était notre leitmotiv.

« Je pense qu'il faudrait envisager la péridurale. » La sage-femme ne semblait pas inquiète, mais elle avait tout essayé pour que les choses avancent, sans succès. Notre fille n'était pas bien positionnée et la dilatation du col de l'utérus, toujours pas assez avancée. Même le gaz dont j'ai oublié le nom et qui permet, l'espace de quelques secondes, de faire oublier les douleurs et de se relâcher, n'avait pas permis de faire évoluer la situation. Le paradoxe de l'accouchement me surprend toujours. D'après nos sages-femmes, le fameux « Poussez, allez pouuuussez » n'est pas recommandé. Le corps sait ce qu'il fait, les contractions suffisent pour que le processus se déroule naturellement. Le plus important est d'accompagner les différentes étapes du corps, notamment les phases de repos. Aider la mère à s'ouvrir plutôt que forcer inutilement et se refermer (au risque de se déchirer).

Me retrouver seul dans une pièce qui a été emplie de cris pendant les quatorze dernières heures avant de rejoindre à nouveau ma compagne dans une autre salle, équipée pour réaliser cet acte chirurgical, est un sentiment vraiment bizarre. D'un coup tout est calme. Je me sens un peu déboussolé. Ilia a l'air épuisé comme jamais. Les tuyaux sortent d'un peu partout. Je lui caresse les cheveux. Je suis fier d'elle. La péridurale agit, elle ne sent plus ses jambes. Je sais que ce n'était pas ce dont elle avait rêvé. Elle voulait ressentir son accouchement. Mais au vu de la situation, nous sommes tous les deux un peu soulagés. Je n'ai plus la notion du temps. Cela fait quelques minutes que nous sommes installés dans cette deuxième salle. Ou bien était-ce il y a plusieurs heures ? La sage-femme a commencé à masser le col de l'utérus. Il n'est toujours pas assez dilaté. Ça avance, tout doucement. Trop doucement. Je ne sais plus vraiment quoi faire. J'essaye d'être présent, d'être cette énergie rassurante qui permet à l'autre de lâcher prise. J'essaye de souffler avec ma compagne.

La gynécologue est déjà venue deux fois. Elle est d'accord pour attendre encore un peu. Attendre avant quoi ? Je ne comprends pas vraiment ce qu'il se passe. Je regarde le moniteur qui clignote. Le pouls d'Ilia est élevé mais ne semble pas avoir dépassé le seuil critique. Le pouls de ma fille aussi est affiché. Elle est en vie. C'est le plus important. C'est ce que je me dis. Puis les choses s'accélèrent d'un coup. Le pouls de notre fille a chuté. J'entends un lointain : « Il faut intervenir, maintenant ! » Cinq personnes en blouse bleue sont arrivées. Je ne les ai même pas vues entrer. Je suis debout, en plein milieu de cette agitation, et la seule chose que j'entends, c'est la phrase : « Une césarienne, en urgence. » L'information n'a pas le temps d'arriver jusqu'à mon cerveau et de provoquer une réaction physique. Quelques secondes plus tard, je suis seul, à nouveau. Je n'ai pas bougé, je suis figé dans la pièce, le signal d'alarme des moniteurs s'affole. Ilia a été débranchée et emmenée dans la salle d'opération. Je regarde le lit vide devant moi. Je vois du sang dans les draps. J'essaye de me dire que c'est normal. Je me sens bête, inutile, complètement impuissant. Dois-je ranger la pièce, comme si de rien n'était ? Dois-je sortir pour demander des explications ? Putain, mais pourquoi personne n'est là pour m'expliquer ce que je dois faire ? J'ai l'impression que le temps s'est arrêté. Je ne ressens plus grand-chose, je ne sais plus ce que je dois ressentir.

Quelques minutes plus tard, ou quelques secondes, je ne saurais le dire, une sage-femme m'invite à la suivre. « Vite, me dit-elle, enfilez cette blouse et ces protections pour les pieds. » Je m'exécute. La salle est éclairée, Ilia est entourée de personnes entièrement vêtues de blouses bleues et de masques chirurgicaux. J'ai à peine le temps de m'installer à côté de la tête de ma compagne que les événements se précipitent. Ilia est consciente, je lui fais un sourire et lui tiens la main. Quelques minutes plus tard, nous entendons un cri. C'est notre fille. Elle est en vie. La gynécologue l'emmène pour aspirer le méconium qu'elle avait avalé. On nous expliquera plus tard qu'en plus de la détresse cardiaque, c'était la deuxième raison pour laquelle un acte chirurgical d'urgence s'est imposé.

Quelqu'un nous amène notre fille. Ilia est toujours allongée, le ventre ouvert. Nous la découvrons pour la première fois, émus et en même temps encore sous le choc. Puis la sage-femme m'invite à la suivre : « Venez avec moi, mais surtout ne regardez pas. » Je me retrouve dans une troisième salle. Je tiens notre fille dans mes bras. Elle est si petite, si fragile, si paisible. Mais je suis toujours seul. Qu'est-ce que je dois faire ? De quoi a-t-elle besoin ? Pourquoi suis-je encore seul ? Personne n'est là. Je n'arrive pas à parler. Cela fait bien une heure que je suis assis là avec ma fille. Où est Ilia ? Ils doivent la recoudre. Enfin, j'imagine. Mais pourquoi ça dure si longtemps ? Et s'il y avait des complications ? Et si les adhérences de l'endométriose compliquaient les choses ? Elle ne reviendra pas. Je suis un père seul avec sa fille. J'ai perdu ma femme. Je vais devoir élever seul ma fille. Mais comment vais-je faire ? Je ne peux pas. Je ne sais pas. J'ai besoin de toi ! « Ne vous inquiétez pas Monsieur, votre compagne va arriver d'un instant à l'autre. » La sage-femme a répondu à ma question avec une telle tranquillité que je me sens ridicule. Tout va bien. Tout le monde va bien.

Avec le recul, la naissance de notre fille a détruit toutes mes protections émotionnelles sans laisser une seule brique debout. La violence à l'idée de perdre quelqu'un qu'on aime profondément m'a secoué jusque dans les derniers recoins de mon être. Les jours et semaines qui ont suivi, je me suis senti à poil, ou plutôt à vif. Étonnamment, je ne voulais pas recouvrir ces blessures. Je voulais les laisser à l'air libre, les laisser guérir. Car jamais auparavant je ne me suis senti aussi en vie, aussi amoureux de la vie. Par peur de perdre mes proches, je m'étais protégé contre l'amour que je pouvais ressentir pour eux. C'est en acceptant avec tout mon être la douleur de cette expérience que je me suis ouvert à ma capacité d'être pleinement moi, dans toute ma vulnérabilité, mon impuissance et mon incompréhension. Curieusement, je me suis senti complètement libre et pleinement accueilli par mon entourage dans ma vulnérabilité.

Non, la vie n'est pas là pour nous faire du mal. Ce que beaucoup appelleront un traumatisme a été pour moi une expérience initiatique particulièrement forte. Ma compagne et moi en avons tous les deux conscience. Cela ne nous a pas empêchés de commencer une thérapie chacun de notre côté pour se faire aider dans ce changement de vie si unique. La naissance de ma fille m'a fait prendre conscience de blessures profondes de mon âme, que j'ignorais complètement. J'ai découvert ce qui m'empêchait de vivre pleinement. Prendre le risque d'être en vie, c'est accepter la possibilité de mourir. Prendre le risque d'aimer, c'est intégrer l'idée que tout peut s'arrêter d'une minute à l'autre et que la douleur serait alors quasi insupportable. Le souvenir de cette douleur me rappelle tous les jours à quel point j'aime ma fille et ma compagne.

finale

RETENIR L'ESSENTIEL

L'incertitude est l'essence
même de l'aventure amoureuse.
Oscar Wilde

La parentalité change la vie. Je suis d'accord avec cette phrase que j'ai si souvent entendue. Et je ne parle pas uniquement des nuits sans sommeil et des couches à changer. Devenir père me semble particulièrement en résonance avec ce que nous traversons actuellement dans notre société. La chance de pouvoir être présent pour ma fille et ma femme (ayant un contrat allemand avec Ecosia, j'ai pu bénéficier d'un an de congé parental payé à 60 % du salaire avec un maximum de 1 800 euros par mois[1]) est d'autant plus grande qu'elle me permet de découvrir qui je suis, maintenant que ma vie a changé. Avoir le temps pour faire le deuil de l'adolescent, celui qui pouvait tout faire quand il voulait, avec qui il voulait, sans réellement devoir rendre de comptes, me semble particulièrement important et difficile par moments. Régulièrement, je sens cette partie de moi qui se révolte encore. Je me lève certains jours avec le besoin de

1. Le congé parental en Allemagne est d'une durée maximale de douze mois pour un seul parent. Il peut être prolongé de deux mois supplémentaires si les deux parents souhaitent en bénéficier. Les mois de congé sont alors partageables entre les deux parents, de manière simultanée ou alternée.

tout quitter, de recommencer à zéro et de vivre ma vie en pleine insouciance. J'accueille la colère avec laquelle je peux réagir quand je suis obligé de mettre de côté certaines envies. C'est parce que je suis profondément amoureux de l'homme que je découvre à peine, que j'ai envie de lui faire de la place.

Ce qui m'a le plus marqué dans ce changement de vie est le besoin de prioriser encore davantage. Si vous deviez avoir une heure par jour pour travailler sur un projet personnel qui vous tient vraiment à cœur, lequel choisiriez-vous ? Si vous n'aviez plus de temps à perdre, qu'est-ce que vous arrêteriez de faire ? Dans notre monde libre, la contrainte est souvent vécue comme une agression alors qu'elle peut réellement vous libérer. C'est parce que le peintre choisit un cadre qu'il peut jouir du plaisir de créer une œuvre. L'acte de création nécessite de faire des choix en conscience, de renoncer à certaines idées ou intuitions et d'assumer la responsabilité du rendu final. Prendre le temps de choisir ainsi est la condition même de ce que nous pouvons appeler l'élégance (du latin *elegantia*, « qui sait choisir »). S'il y a bien une chose que nous devrions apprendre à nos enfants, c'est cette capacité à choisir et donc à vivre avec le sentiment parfois difficile du renoncement.

Si vous deviez avoir une heure par jour pour travailler sur un projet personnel qui vous tient vraiment à cœur, lequel choisiriez-vous ?

@ferdinandrichter

Depuis que ma fille est venue au monde, j'ai l'impression de revoir constamment mes priorités. Je ne suis plus au centre de mes préoccupations, elle l'est. Mon peu de temps libre me force à me focaliser sur ce qui est vraiment important pour moi. L'écriture et l'accompagnement de celles et ceux qui veulent sincèrement construire un monde plus respectueux du vivant, même si cela signifie mettre fin à une grande partie de mon activité actuelle, occupent plus que jamais mon esprit. Être parent, c'est accepter de prendre soin de quelqu'un d'autre et de veiller à son bien-être. Malgré les cris et les pleurs, malgré la souffrance que nous ne comprenons pas toujours, notre monde a besoin de notre bienveillance. Il a besoin que nous prenions soin les uns des autres. Réfléchissez ! Quelle personne dans votre entourage plus ou moins proche aurait besoin de votre attention ?

Cultiver sa présence

Ce titre peut vous sembler être une évidence. Et pourtant c'est peut-être mon plus grand challenge. Un grand nombre de pères, si ce n'est la grande majorité, ne sont pas présents pour leur enfant dès le plus jeune âge, tout simplement parce qu'ils reprennent rapidement le travail. D'après une étude de l'Insee menée en 2010, 98 % des pères n'ont pas pris de congé parental à temps plein[1]. Le travail a pris une telle importance, il est devenu une telle drogue que l'homme a beaucoup de mal à renoncer à cette reconnaissance sociale et à l'importance que ses responsabilités lui procurent auprès de ses pairs. Mais quand je parle de présence, je ne veux pas uniquement parler de la présence physique. Nos pensées et nos émotions nous mènent souvent « ailleurs ». Rêver, penser à mes projets, passer du temps sur les réseaux sociaux pour ne pas m'ennuyer pendant que je berce ma fille sont quelques exemples de la facilité avec laquelle je peux fuir le présent. Ma compagne et moi avons remarqué que notre fille s'énervait rapidement lorsque nous passions trop de temps sur le téléphone portable alors qu'elle n'avait que quelques mois. Je pense que nous avons tous une capacité innée à ressentir la présence psychique de quelqu'un.

« Tu m'écoutes ou pas ? » Vous avez certainement déjà formulé cette phrase alors que vous racontiez une histoire à un ou une amie. L'écoute active est un cadeau que l'on fait à l'autre. La présence sécurisante qui permet à l'autre d'exprimer simplement ce qu'il est : un bien inestimable. L'attention est devenue une monnaie d'échange. Internet, le voyou qui essaye de vous la voler. Être présent à l'autre revient à être présent au monde. Nous sommes confrontés à la joie d'un sourire mais aussi à notre

1. Stéphanie Govillot, « Après une naissance, un homme sur neuf réduit ou cesse temporairement son activité contre une femme sur deux », *Insee première*, 2013.

impuissance si nous ne savons pas comment réagir face à la détresse de l'autre. Quand les temps sont difficiles, il est normal de vouloir fuir ce présent. Il est normal de vouloir se divertir. Nous pouvons alors plonger dans toutes sortes de dérives qui nous déconnectent du présent. Par peur de nous effondrer, nous choisissons bien trop souvent d'anesthésier nos sentiments et de chercher des états modifiés de conscience ou des réalités virtuelles et spirituelles afin de trouver un peu de répit. Cette fuite est parfois la seule manière de ne pas « péter un câble ». C'est notre mécanisme de défense. Se laisser traverser par l'intensité de nos émotions parfois violentes, ne pas chercher à tenir bon est une posture qui est tellement importante dans notre monde actuel. Plus nous éviterons qu'une grande partie de la population se réfugie dans un état d'anesthésie morbide, plus nous pouvons espérer relever les défis de notre époque. Et pour cela, nous avons besoin d'êtres humains qui n'ont pas peur d'être présents à eux-mêmes et aux autres. C'est cette présence qui construit la confiance et l'estime de soi. Elle nous permet de nous sentir soutenus, écoutés, accueillis, et de contrebalancer l'état qui prend bien trop de place dans notre société actuelle : la solitude.

Accepter les cycles naturels et s'adapter en conséquence

Mes huit heures de sommeil sont peut-être la chose que j'avais le plus peur de perdre en devenant père. Et je dois dire que les premières fois où j'ai dû me lever à trois heures du matin, je ne savais plus où j'habitais. J'ai une âme voyageuse, elle aime partir loin, notamment quand je dors. Accepter de rester un peu plus « sur Terre » afin de pouvoir m'occuper de ma fille en pleine nuit m'a pris quelques semaines. Accepter de changer mes routines et de respecter le cycle naturel d'un nouveau-né a été un challenge. Mais à l'image des quatre saisons ou de la Lune, ces cycles sont essentiels au bien-être et au développement des jeunes pousses. Lutter ou essayer de les dominer ne fait qu'empirer les états de fatigue et les moments d'énervement. La vie n'est pas linéaire, elle est cyclique. Cela fait quelques siècles que nous avons compris que la Terre était ronde et qu'elle n'est pas le centre de l'univers. Il serait temps d'intégrer cette connaissance dans la gestion de nos vies quotidiennes.

Si j'aime autant travailler avec le féminin et avec celles qui l'incarnent naturellement, c'est parce que le cycle menstruel leur impose cette réalité de façon inconditionnelle. Malgré le marketing abject de certains fabricants de protection hygiénique qui essayent encore de vendre toujours plus en promulguant ce type de message : « Tu peux continuer ta vie comme si de rien n'était. Surtout, ne ralentis pas et n'écoute pas ton corps », il est pratiquement impossible pour une femme de nier ce cycle naturel. Éduquer les jeunes filles dès le plus jeune âge à la beauté de ce phénomène, signe de leur capacité à donner la vie, me semble particulièrement important. Structurer les entreprises autour des cycles féminins et imposer à tous les employés, hommes et femmes, une baisse de régime et un moment d'intériorité une fois par mois, voilà une idée qui me plaît bien. La vraie question n'est pas comment offrir quelques avantages aux femmes pour qu'elles puissent se respecter. Ce serait plutôt à quoi ressemblerait une organisation du travail mise en place par des femmes pour des femmes. Serait-ce si aberrant qu'après des années d'adaptation au modèle masculin, les hommes réapprennent à jardiner avec la/les lunes ?

Accepter les cycles naturels oblige les dirigeants à vivre avec le doute, l'incertitude et la planification à long terme. Quand vous ne savez pas si l'été sera chaud, humide ou venteux, vous ne pouvez pas tout miser sur une seule variété de légumes. Vous êtes obligé de diversifier, d'observer la nature et ses signes annonciateurs. Vous êtes obligé de garder les « anciens » qui sont la mémoire vivante du collectif

**Structurer les entreprises
autour des cycles féminins
et imposer à tous
les employés,
hommes et femmes,
une baisse de régime
et un moment d'intériorité
une fois par mois,
voilà une idée
qui me plaît bien.**

@ferdinandrichter

et qui ont souvent développé un sens intuitif particulièrement utile. Vous êtes obligé de faire confiance à des jeunes plantes qui poussent là où elles ont envie de pousser, juste parce qu'elles s'y sentent bien. Accepter les cycles, c'est comprendre que le repos de la terre en hiver est la condition indispensable pour accueillir de nouvelles graines au printemps. Cela permet de comprendre que la performance linéaire d'une équipe ne peut qu'être le signe de deux choses : l'ennui (*bore-out*) ou l'épuisement (*burn-out*).

Transmettre ses savoir-faire et son savoir-être

À force d'enseigner des théories, nous ne savons plus réaliser les plus simples des tâches indispensables à notre bien-être et à notre autonomie. Je suis reconnaissant envers mon père qui m'a appris à utiliser une hache, une tronçonneuse, à allumer un feu, à pêcher, à construire un mur en pierre. Toute une génération surdiplômée ne sait plus quoi faire de ses mains et de sa vie. Toute une génération rêve de partir à la campagne pour lancer une ferme en permaculture, en en étant complètement incapable au vu du manque de transmission, car la nature est complexe. Vous pouvez l'étudier, la théoriser, mais rien ne vaut la connaissance de quelqu'un qui a vécu et observé un écosystème pendant trente ans. À l'époque des cours en visioconférence, l'enseignement théorique universitaire a de moins en moins de sens. Les étudiants comprennent de plus en plus qu'ils sont les victimes d'un système qui encourage la production en masse. La linéarité du « Je me forme et puis je travaille » n'a plus de raisons d'être. Il ne s'agit plus de faire l'un puis l'autre mais de faire l'un et l'autre en même temps. Et certainement tout au long de sa vie ainsi que dans différents domaines d'activité. C'est pour cette raison que le savoir-être, la confiance en sa capacité d'apprentissage et d'adaptation, l'estime de soi et sa capacité à communiquer de façon bienveillante avec autrui, le partage de son expérience et la prise de conscience de ses erreurs sont plus importants que jamais. Sans oublier ce qui fait la plus grande force de l'être humain : le plaisir de créer des liens authentiques. Savoir-vivre avant d'étudier la vie.

Si cette transmission est aussi difficile, c'est parce qu'elle demande une valeur devenue rare : la patience. C'est elle qui invite à laisser faire et à protéger, tout en donnant l'autorisation d'essayer. Elle nécessite de ralentir et de prendre le temps de connaître l'élève. La croissance n'a pas besoin d'être accélérée. Elle est inscrite dans l'ADN de tout être vivant. Qu'est-ce qui différencie un boulanger de quelqu'un qui sait faire du pain à la maison ?

Suffit-il de suivre une courte formation pour être prof de yoga ? Peut-on se définir comme coach en développement personnel juste parce qu'on a vécu une dépression ? Sommes-nous tous des chamanes ?

D'après moi, la légitimité professionnelle ne s'achète pas dans un stage ou un e-book. Les seules choses qui permettent de faire d'une envie ou d'un talent un métier au service du collectif sont le temps et l'engagement. Malgré le fait d'avoir été sportif de haut niveau, malgré mes diplômes universitaires, malgré les retours excellents de mes clients quand j'ai entamé mon activité de coach, j'ai mis dix ans avant de me sentir légitime dans ce métier. Pourquoi ? Parce qu'il faut du temps pour apprendre à se connaître, pour accueillir ses doutes et ses peurs. Éclaircir le brouillard dans lequel on peut se trouver ne se fait pas en deux jours. Il faut du temps pour reconnaître son impuissance, tout en assumant sa capacité à cocréer ce monde. Et c'est bien comme ça. Savourer chaque instant est ce qui s'appelle « vivre ». Même si le grand impatient que je suis a toujours un peu de mal à le mettre en place quotidiennement.

Si j'avais un message à partager avec la jeunesse actuelle, ce serait celui-ci : prenez le temps de vivre avant de finir employé. Essayez, trompez-vous de chemin et revenez en arrière si besoin. Le monde a changé. Si à vingt ans vous ne savez pas quoi faire, ce n'est pas grave. Si à trente, quarante ou cinquante ans vous voulez commencer autre chose, allez-y. Apprenez plutôt à découvrir qui vous êtes. Regardez à l'intérieur et découvrez ce qui s'y passe, ce que vous ressentez, et demandez-vous comment vous aimeriez le partager avec les autres. Ne cherchez pas un métier. Cherchez les gens avec qui vous aimeriez partager un bout de chemin. Imaginez l'écosystème dans lequel vous aimeriez éclore.

Faire la lessive avant de conquérir Mars

Faire moins que l'autre tout en recevant la plus grande part du gâteau. Pourquoi changer ? Pour le dire autrement, la femme cuisine tous les jours, elle nourrit la famille au point que cela devient une évidence banale ; l'homme prépare les repas de fête et se voit félicité pour ses prouesses culinaires par l'ensemble des invités. Cela vous est familier ? Cet exemple un peu stéréotypé est pourtant à l'image du monde dans lequel j'ai l'impression d'avoir grandi. Si les choses sont heureusement en train de changer, cette réalité est encore bien présente. Pendant que certains hommes poursuivent leur rêve de conquête de Mars tout en exploitant une grande partie de la planète, les autres sont obligés de gérer la vie quotidienne, souvent moins excitante. « Si tu veux jouer avec ta fusée, tu dois d'abord ranger ta chambre », c'est ce que j'aimerais leur dire. « Si tu veux découvrir une autre planète, tu dois d'abord veiller au maintien de la biodiversité, au partage des richesses, à la réduction drastique de la pollution sur Terre. » Parce que cette chambre ressemble à un vrai champ de bataille, brûle à moitié et n'a bientôt plus de jouets en état de marche pour que l'on s'amuse ensemble.

Au militaire, avant de partir en mission ou d'apprendre à secourir des VIP en terrain hostile, on apprend une chose : faire son lit. Chaque matin on vérifie si vous avez bien plié vos draps. Cette tâche qui peut sembler ingrate est pourtant particulièrement importante. À l'image d'un maître zen qui vous demande dans un premier temps de passer le balai pendant des mois avant de vous enseigner autre chose, faire sa lessive permet de développer l'ancrage, l'humilité et la discipline pour ne pas se perdre en chemin. Je pense sincèrement que la France ne serait pas ce qu'elle est si les responsables politiques devaient eux-mêmes sortir les poubelles, faire le pain ou passer l'aspirateur. Alors si vous doutez de vous-même, si vous ne savez pas par où commencer, mettez en place une routine qui vous montre que vous pouvez prendre soin de vous-même et de votre entourage.

Agir pour que le monde futur soit joyeux et vivable pour nos enfants

Le monde de demain sera-t-il encore vivable pour l'espèce humaine ? Quelle question effrayante à l'aune de l'état de notre belle planète bleue. Malheureusement, j'ai l'impression que la question prédominante est : « Comment sécuriser mes enfants dans un monde qui part en vrille ? » Clairement, si nous ne changeons pas radicalement, l'avenir proche est très incertain[1]. Mais il reste de l'espoir. Lorsque la situation devient invivable pour tout le monde, lorsqu'on n'a plus de choix, que l'on n'a plus rien à perdre, alors le changement devient inévitable. Je pense que nous ne sommes plus très loin de ce point de bascule. Le monde de demain n'est pas une île paradisiaque sur laquelle nous pourrions tous nous entasser. C'est bien notre planète, notre société, que nous allons devoir régénérer et reconstruire. Une grande partie des métiers actuels vont disparaître, tout simplement parce que toutes les activités qui exploitent la vie n'auront plus raison d'être. Si vous cherchez votre métier de rêve dans un monde qui prend soin du vivant, il y a de grandes chances qu'il faille le créer. En acceptant cette incertitude et ce défi, vous plongerez dans un écosystème de personnes amoureuses de notre

1. The Shift Project, « Possible déclin de l'approvisionnement en pétrole de l'UE d'ici 2030 », 2020, en ligne : https://theshiftproject.org/article/ue-declin-approvisionnements-petrole-2030-etude.

belle planète. Non seulement vous quitterez les vieux paquebots qui sont en train de couler, mais vous préparerez le chemin pour ceux qui essayent encore de relancer les machines et de foncer tout droit dans l'iceberg. Alors si vous me demandez si le monde de demain sera joyeux et en vie, j'aimerais vous répondre : « Uniquement si vous vous autorisez à l'être ! »

Chaque personne que je rencontre et qui accepte de relever ce défi augmente ma capacité à voir le beau en l'être humain. Chaque femme qui partage avec moi la sagesse de ses intuitions me donne confiance en l'avenir. La forme pourra changer uniquement si nous acceptons de transformer le moule du gâteau. Sinon, quels que soient les ingrédients que vous y mettrez, vous créerez encore et encore le même gâteau. Se laisser vivre plutôt que planifier, contrôler, performer et chiffrer sa vie, c'est ce moule que je vous invite à utiliser, même si vous ne savez pas encore ce qui en sortira. Retrouvez la joie dans votre présent et vous n'aurez pas besoin de savoir exactement où le voyage vous mènera. Se laisser surprendre par la destination, partir à l'aventure en faisant confiance à la vie, d'après moi, il n'y a rien de plus beau, surtout si nous décidons d'y aller tous ensemble.

**Le monde de demain
n'est pas une île
paradisiaque sur laquelle
nous pourrions
tous nous entasser.
C'est bien notre planète,
notre société,
que nous allons devoir
régénérer et reconstruire.**

@ferdinandrichter

Quelle est l'essence qui vous fait avancer ?

À l'image de nos engins motorisés, l'essence est ce qui nous fait avancer. Sans elle, nous perdons notre puissance et nous finissons par être à l'arrêt. Le processus alchimique qui nous permet de découvrir le diamant brillant en chacun de nous peut prendre plusieurs vies. Mais c'est un chemin qui en vaut la peine. Il nécessite d'abandonner ce que nous ne souhaitons pas retenir, de faire le deuil de nos habitudes, d'accepter l'incertitude qui est le fondement même de nos vies. Il nous demande de mourir à une part de nous-même pour renaître en conscience et accepter la complexité de qui nous sommes. Parfois, nous avons besoin de perdre une partie de cette essence pour nous rendre compte de son importance. Il s'agit alors de pardonner et de se faire pardonner afin de récupérer ce qui nous anime.

Le chemin que je me suis permis de partager avec vous n'est pas linéaire. Il est cyclique. Souvent je repasse par des endroits que je connais déjà. Parfois j'ai l'impression de tourner en rond. Chaque pas que je m'autorise à effectuer me fait accepter un peu plus le mouvement naturel de la vie. Chaque décision que je prends me fait reconnaître ma capacité à créer le présent. Pour terminer, je ne peux que vous encourager à rassembler des personnes sensibles et engagées, des hommes et des femmes qui reconnaissent leur beauté respective, pour redonner vie au niveau local à tous ces écosystèmes que nous avons laissé dépérir et qui n'attendent qu'une chose : renaître !

ANNEXE COACHING

Renaître en conscience

Tout peut être enlevé à l'Homme,
sauf la dernière de ses libertés.
La liberté de choisir son attitude face
à n'importe quelle situation, la liberté
de choisir son propre chemin.

Viktor Frankl, survivant d'Auschwitz
et créateur de la logothérapie

PROTOCOLE D'ACCOMPAGNEMENT

À vous de jouer ! Proposez à un ami un rendez-vous hebdomadaire ou mensuel pour aller à la rencontre de vous-même. N'essayez pas de répondre tous les deux en même temps aux questions. À tour de rôle, l'un va enchaîner les questions et l'autre répondre tout en prenant des notes. Je vous conseille de suivre les étapes et de faire un chapitre par rencontre au maximum.

L'accompagnant : Faites-vous confiance et soyez à l'écoute. Accueillez avec bienveillance ce que votre ami va partager avec vous. Prenez le temps pour que la personne puisse répondre sincèrement aux questions posées. N'hésitez pas à poser des questions pour approfondir si vous avez l'impression que les réponses sont trop superficielles. « Tu peux m'en dire davantage ? » ; « Pourrais-tu répondre à nouveau à la question en me donnant plus de détails ? » ; « Qu'est-ce que tu entends par... ? »

N'hésitez pas à partager votre ressenti à la fin de chaque chapitre : « Ce que tu évoques réveille de la joie, tristesse, colère, etc. en moi » ; « Ce que tu as partagé avec moi me donne l'impression que... » ; « me fait penser à... »

L'accompagné : Laissez-vous porter. N'essayez pas d'anticiper les questions. Ayez le courage de parler ouvertement de vos expériences. Ne retenez pas les émotions qui peuvent surgir. Traversez-les et laissez-vous le temps d'accueillir qui vous êtes.

Pour conclure, refermez toujours l'espace d'échange. « Si tu devais retenir une chose de notre échange, qu'est-ce que ce serait ? » ; « Qu'est-ce que tu as envie de mettre en place, d'arrêter, de changer ou d'essayer concrètement dans ta vie de tous les jours après ce que nous nous sommes dit ? »

ÉTAPE 1

RENONCER À LA PERFORMANCE

Objectif

Renoncer à sa vie d'avant

Le passé, même s'il peut être particulièrement douloureux, reste notre zone de confort. Toute expérience vécue est plus simple à revivre qu'oser l'inconfort de l'inconnu.

Reconnaître son besoin de mourir

Décrire en une page la personne que j'ai été et que je suis toujours. Qu'est-ce que cette personne a besoin de vivre avant de pouvoir disparaître ? De quoi a-t-elle besoin pour mourir en paix ?

Qu'est-ce qui a besoin de disparaître de ma vie pour que je me sente libéré ?

Si je n'étais pas aussi terrorisé par l'avenir, qu'est-ce que je m'autoriserais à quitter – arrêter – faire disparaître de ma vie ?

Renaître en conscience

Afin de s'accueillir dans sa vulnérabilité, il est important de trouver ou de créer un cadre dans lequel on peut expérimenter une forme d'amour inconditionnel.

Quels rituel, voyage ou expérience peuvent m'aider à couper avec mon ancienne vie ? Dans quel environnement je me sens le moins jugé, et libre de faire ce que je veux ? Quelle personne m'accueille sans avoir d'attentes envers moi ? Qu'est-ce que j'ai toujours rêvé de découvrir sans pour autant me l'autoriser ?

Quel cadre puis-je créer (financier et temporel) pour expérimenter pleinement qui j'ai envie d'être ?

Dans quel environnement puis-je m'autoriser à m'aimer de façon inconditionnelle ?

Regarder dans le miroir

La vie est un miroir qui reflète ce que nous sommes. C'est en observant ce que la vie nous propose que nous pouvons reconnaître qui nous sommes dans le moment présent.

Quelles zones d'ombre n'ai-je pas envie de reconnaître ? Si je décris ma vie de façon rationnelle, sans émotions, uniquement basée sur les faits, qu'est-ce que je vois ?

Qu'est-ce que la vie m'invite à explorer, même si mon ego n'en a pas envie ?

Quelle rencontre ai-je faite, qui m'invite à découvrir une nouvelle partie de moi-même ?

Reconstruire après les larmes

Si vous deviez prendre le temps pour réfléchir où iriez-vous ? Avec qui ?

Pendant combien de temps ?

Dans quel cadre vous sentez-vous en sécurité ?

ÉTAPE 2

REVISITER SES EXPÉRIENCES PASSÉES

Objectif

Reconnaître sa/ses valeurs

Quand nous vivons une expérience difficile,
nous oublions facilement qui nous sommes
et à quel point nous avons déjà accompli de belles choses.
Il est difficile de voir au loin quand le brouillard
est dense. Cela ne veut pas dire que tout
ce qu'on a construit n'existe plus. Reconnaître sa valeur
permet d'avancer sereinement avec une bougie
à la main malgré l'obscurité,
le temps que la météo change.

Replonger dans son enfance

Très peu de personnes grandissent en sachant qui elles sont car très peu d'environnements offrent un amour inconditionnel. Toutes les autres ont besoin de se reconnaître et d'apprendre à s'aimer.

Quels verbes qualifient le plus ce que j'aimais faire dans ma jeunesse ?

Quels rêves avais-je dans mon enfance ? Qu'est-ce qui m'attirait en particulier dans ces histoires ?

Mes parents et/ou ma famille me décriraient comme un enfant qui... ?

Revenir en arrière

Quand on est dans une voie sans issue, il faut faire demi-tour et revenir au dernier croisement pour choisir un autre chemin.

Quelles sont les expériences passées qui m'ont construit, m'ont marqué en particulier ?

Qu'est-ce que j'ai aimé vivre ? Pourquoi ?

Qu'est-ce que je n'ai pas aimé ? Pourquoi ?

Quelles intentions vais-je définir pour mes prochaines aventures ?

Qu'est-ce qui est particulièrement important pour moi afin que ma vie ait un sens, afin de me sentir en vie ?

Relever son niveau de jeu

En fonction de nos croyances, nous pouvons être n'importe qui.

Quelles personnes m'inspirent le plus ? Quelles personnalités j'admire le plus ? Pourquoi ? Qu'est-ce qu'elles ont et que j'aimerais bien avoir ? Qu'est-ce qu'elles font et que j'aimerais bien faire ?

Comment puis-je me rapprocher d'elles ? Physiquement et/ou émotionnellement ? Comment puis-je créer un contact avec elles ? Si j'avais ce qu'elles ont et si j'étais ce qu'elles sont, qu'est-ce que je ferais de ma vie ?

Par exemple : Je vais regarder une vidéo par jour de telle personne. Je recrute une équipe sur la base de ces qualificatifs. Je choisis de passer du temps avec les amis qui m'aident à renforcer ces qualités en moi.

ÉTAPE 3

RÉENGAGER EN CONSCIENCE

Objectif

Retrouver son intégrité physique, émotionnelle, mentale et spirituelle

Une fois que nous avons retrouvé notre vulnérabilité, nous sommes capables de ressentir ce qui nous touche profondément dans notre être. Souvent, nous nous rendons compte que nous ne sommes pas les seuls à vouloir nous engager pour quelque chose ou quelqu'un.

Remettre les mains à la terre

Quelle plante comestible pourriez-vous faire pousser chez vous, quelle que soit la taille de votre appartement, lieu de vie ? Baladez-vous dans votre quartier, quelles plantes qui y poussent naturellement sont comestibles ? Lesquelles sont médicinales ? Quels objets du quotidien ou de décoration pourriez-vous construire vous-même plutôt que de les acheter ? Quels espaces verts pourriez-vous ensemencer avec des fleurs, des légumes, des arbres ? Quelle ferme pourriez-vous aller découvrir avec vos amis, enfants, familles ?

Rejoindre une cause

La souffrance de quelle personne ou de quel autre être vivant vous touche le plus ? Qui aideriez-vous, même si cela vous coûte du temps, de l'argent et de l'énergie ? Si vous deviez changer une seule chose dans ce monde, qu'est-ce que cela serait ? À vos yeux, quelle est la pire chose qui puisse vous arriver ou que quelqu'un puisse vous faire ? Qu'est-ce qui réveille en vous du dégoût, de la colère, voire pire ? Si vous étiez un super-héros ou une super-héroïne, qui choisiriez-vous et qui aideriez-vous en priorité ? Si vous étiez milliardaire, que feriez-vous avec l'argent dont vous n'avez pas besoin ? Qui ou quoi dans votre environnement proche a le plus besoin de vous ?

Repousser ses limites

Dire oui à la vie peut être effrayant car nous nous rendons compte qu'elle n'est pas là pour nous limiter. La vie est infinie. Ressentir cette infinité et prendre conscience que, si nous le décidons, nous pouvons créer notre vie est une liberté qui exige responsabilité et justesse.

À quel moment avez-vous dit non par peur de ne pas être à la hauteur, de ne pas avoir les compétences ou de ne pas avoir l'énergie pour y arriver ? Quelle est l'idée la plus ambitieuse et la plus folle que vous pourriez vous autoriser ? Si vous pouviez multiplier par dix vos moyens et l'impact de vos actions, quel projet mettriez-vous en place ?

Reprendre son pouvoir

La soumission librement consentie est une théorie psychologique qui explique que nous acceptons de nous soumettre, nous acceptons la cage dans laquelle nous sommes enfermés si nous y trouvons assez de bénéfices à court terme.

Décrivez la cage dans laquelle vous avez accepté de vivre ces dernières années. Quel bénéfice aviez-vous à accepter cette soumission ? Quelles peurs vous empêchent de vous en libérer ? Si vous n'aviez pas peur de raconter votre histoire et votre vérité, qu'est-ce que vous diriez ? Sous quelle forme diffuseriez-vous ce message ? Quelles sont les personnes qui devraient l'entendre en priorité ?

Quelles personnes seraient prêtes à vous défendre si vous en aviez besoin ? Que pourriez-vous leur demander ?

Repenser le système

Afin de ne pas refaire les mêmes erreurs, nous avons besoin de repenser en profondeur notre manière d'agir et de vivre ensemble.

Quelles règles, normes, lois vous révoltent le plus dans notre société actuelle ? Dans les entreprises ? Dans les familles ? Dans l'éducation ?, etc.

Si vous étiez un dictateur capable de décider arbitrairement des changements à mettre en place dans notre monde, quelles seraient vos cinq priorités ?

Imaginez que l'écosystème dans lequel vous évoluez est une machine très complexe. Quelles parties devraient être enlevées, ajoutées, modifiées ? À quoi servirait cette machine en premier lieu ?

ÉTAPE 4

RENOUER DES LIENS AUTHENTIQUES

Objectif

Se reconnecter à soi, aux autres et à notre environnement

Retrouver ses frères et sœurs d'âme

Renforcer les liens avec celles et ceux qui vous soutiennent sincèrement, même si vous travaillez à votre compte, est le seul moyen pour réussir sur le long terme. Aucun coquelicot ne survit seul dans un champ de monoculture.

Quelles personnes réveillent votre créativité, votre enthousiasme ? Si vous deviez déménager afin de pouvoir passer plus de temps avec certaines personnes, lesquelles seraient-elles ? Avec qui et comment aimeriez-vous passer votre temps, si vous n'aviez qu'une heure de libre par mois ?

Régénérer son corps

Notre corps est en constante régénération. Il suffit de l'écouter et de ne pas travailler contre lui.

À quoi ressemblerait une journée, une semaine, un mois, une année, si vous étiez le seul être humain sur Terre ? Quel rythme de travail pourrait déranger votre entourage tout en vous faisant du bien ?

Quels aliments réduisent votre énergie physique ? Quels aliments vous font du bien émotionnellement sur le court terme ? Quels aliments n'allez-vous plus jamais acheter pour empêcher les tentations à la maison ? Quels signaux votre corps vous envoie-t-il quand vous avez besoin de réduire d'intensité ?

Réunir sa famille intérieure

Nous sommes à la fois enfants, adultes et parents. C'est en développant chacune de ces parties en nous que nous pouvons construire des liens authentiques avec notre entourage.

Décrivez l'enfant que vous êtes. De quoi a-t-il besoin ? Que pourriez-vous lui donner afin de le rassurer, d'être présent pour lui ?

Quel père, quelle mère aimeriez-vous être, pour vos enfants si vous en avez, mais surtout pour votre enfant intérieur ?

Quelle sagesse le grand-père ou la grand-mère en vous partagerait-il avec ses petits-enfants ?

Réconcilier nos énergies masculines et féminines

Nous avons tous des énergies féminines et masculines en nous. C'est en réconciliant le yin et le yang que nous retrouvons un sentiment d'unité.

Si vous êtes un homme et que vous étiez une femme, qu'est-ce que vous aimeriez expérimenter ?

Si vous êtes une femme et que vous étiez un homme, qu'est-ce que vous aimeriez expérimenter ?

Si vous vous sentez à la fois homme et femme, quelles activités peuvent combler ces deux parties en vous ?

Quelles envies ressentez-vous, que vous vous refusez parce qu'un homme/une femme ne devrait pas ressentir de telles choses ?

Quelles activités aimeriez-vous découvrir si elles n'étaient pas attribuées majoritairement à un des deux genres ?

ÉTAPE 5

RÉINVENTER SON MONDE

Objectif

Après avoir compris pourquoi il est important de se réinventer afin de prendre soin de nous-même et de notre monde, il est temps de se demander comment on s'y prend concrètement

Revoir ses priorités

Quelle que soit la direction que vous allez prendre, vous allez trouver des personnes convaincues que leur activité est essentielle pour l'avenir de notre société. L'est-elle vraiment ?

Quels sont les objets du quotidien dont j'ai vraiment besoin ? Quels sont ceux dont je pourrais me passer ? Qu'est-ce qui pourrait être recyclé, réparé, réutilisé ?

De quelles compétences ai-je besoin pour ne pas avoir besoin d'acheter du neuf à chaque fois ?

Quelles matières premières finissent à la poubelle alors que je pourrais me renseigner pour savoir comment les utiliser (eau, épluchures, emballages, etc.) ?

Renoncer au plaisir de conquérir

Qu'est-ce que j'ai envie de posséder juste pour pouvoir affirmer : « Ça m'appartient » ? À quel point c'est vraiment important pour moi ? Si je n'essayais pas de posséder autrui, à quoi ressembleraient mes relations personnelles et professionnelles ?

À quel niveau puis-je m'autoriser à grandir, à croître, si ce n'est au niveau matériel ?

Redonner la place juste au féminin

Faites une liste de tout ce que font « les femmes ». Qu'est-ce qui est typiquement une activité féminine à votre sens ? Lesquelles de ces activités pourraient prendre un peu plus de place dans votre vie ? Quelles sont celles que vous aimeriez découvrir par simple curiosité ?

Quelle femme dans votre entourage mérite davantage d'être reconnue, soutenue, célébrée ? Que pourriez-vous faire, dire pour l'encourager ? Quelles responsabilités pourriez-vous prendre et/ou déléguer pour équilibrer le pouvoir dans vos échanges ?

Remémorer la fragilité de la vie

Tout peut s'arrêter d'un moment à l'autre, nous le savons tous. Et pourtant, la « fin » nous effraye tellement que nous préférons vivre avec l'idée que le monde est infini.

Qu'est-ce que vous mettriez en place si, demain, il n'y avait plus d'eau potable à volonté ?

Qu'est-ce que vous mettriez en place si les chaînes d'approvisionnement ne permettaient plus de remplir les supermarchés autant qu'actuellement ?

Qu'est-ce que vous changeriez dans votre vie si, par manque de prise en charge médicale, être en bonne santé devenait capital ?

Que feriez-vous si votre entreprise devait fermer demain sans pouvoir vous offrir de prime de départ ou de chômage ?

CONCLUSION

RETENIR L'ESSENTIEL

Objectif

Retenir l'essentiel pour exprimer librement sa créativité

Imaginez qu'une grande partie de notre société va disparaître et que vous pouvez garder cinq choses qui font notre modernité. Qu'est-ce que vous garderiez ?

Imaginez que vous vivez en autonomie sur une ferme perdue dans la nature. Quelle technologie serait indispensable pour vous permettre de vivre heureux ?

Si notre société était un puzzle gigantesque, quels morceaux aimeriez-vous garder pour créer votre propre puzzle ?

Si vous deviez décrire en une page la personne que vous souhaitez être pour construire le monde de vos rêves, qu'est-ce que vous diriez ? Quelles actions concrètes vous permettraient d'être cette personne au quotidien ?

Remerciements

Merci à ma compagne et à ma fille qui partagent mon quotidien. Merci à ma famille et à mes amis proches d'avoir été à mes côtés pendant ces dernières années. Merci à toutes celles et ceux qui ont croisé ma route, sont partis en voyage avec moi, m'ont écouté, m'ont souri, m'ont respecté, m'ont encouragé. Grâce à vous je n'ai pas eu peur d'oser. Vous m'aidez à croire en moi, à me sentir moins seul et à continuer sur mon chemin.

Merci aussi à toutes celles et ceux qui m'ont remis en question, m'ont rejeté, m'ont ignoré, m'ont jugé, m'ont pris de haut. Sans vous, je n'aurais jamais autant découvert l'humilité, la détermination et la patience.

Merci à mes éditrices. Sans vous, ce livre n'existerait pas.

table des matières

MIXTE
Papier issu de sources responsables
FSC® C003309

L'éditeur de cet ouvrage s'engage dans une démarche de certification FSC® qui contribue à la préservation des forêts pour les générations futures.

Pour en savoir plus :
www.editis.com/engagement-rse/

Cet ouvrage a été achevé d'imprimer en septembre 2021
sur les presses de Normandie Roto Impression s.a.s.
61250 Lonrai (Orne)
N° d'édition : 62086/01 - N° d'impression : 2104262

Imprimé en France